铁路货运岗位作业培训教材

货物装载加固及超限超重运输

《铁路货运岗位作业培训教材》编委会　编

中国铁道出版社有限公司

2025年·北　京

内 容 简 介

本书为《铁路货运岗位作业培训教材》中的一种，内容包括概述、铁路货物装载加固基本作业、装载加固方案管理、超限超重货物运输、安全风险及管控措施、案例分析等。本书立足国家职业标准、铁路行业标准、规章制度的要求，结合新技术、新设备、新业务的发展与运用，重点突出铁路货物装卸作业人员应知应会、实作技能、应急处置、案例分析，具有较高的科学性、规范性和实用性。

本书可供铁路货物运输作业人员培训与自学使用，也可作为相关管理人员的参考用书。

图书在版编目(CIP)数据

货物装载加固及超限超重运输/《铁路货运岗位作业培训教材》编委会编. —北京：中国铁道出版社有限公司，2021.7(2025.12 重印)
铁路货运岗位作业培训教材
ISBN 978-7-113-27927-1

Ⅰ. ①货… Ⅱ. ①铁… Ⅲ. ①铁路运输-货物运输-装载-加固-岗位培训-教材②铁路运输-长大货物运输-岗位培训-教材 Ⅳ. ①U294.25②U294.6

中国版本图书馆 CIP 数据核字(2021)第 076930 号

书　　名：**货物装载加固及超限超重运输**
作　　者：《铁路货运岗位作业培训教材》编委会

责任编辑：秦绪涛　　**编辑部电话**：(010)51873024
封面设计：郑春鹏
责任校对：焦桂荣
责任印制：高春晓

出版发行：中国铁道出版社有限公司(100054，北京市西城区右安门西街 8 号)
网　　址：https://www.tdpress.com
印　　刷：北京盛通印刷股份有限公司
版　　次：2021 年 7 月第 1 版　2025 年 12 月第 2 次印刷
开　　本：880 mm×1 230 mm 1/32　**印张**：7.875　**字数**：146 千
书　　号：ISBN 978-7-113-27927-1
定　　价：38.00 元

编委会

前　言

当前，我国铁路事业实现了长足发展，高速铁路、高原铁路、高寒铁路、重载铁路等领域技术已达到世界领先水平。近年来，一批新建和改造的货场、物流基地投产，货车、装卸设施设备更新升级，货运信息化建设水平提高，都为货运发展植厚了根基，同时也对货运系统职工队伍素质提出了新的更高要求。

人才培养，是新时代提高服务质量、保障运输安全的基石；职工培训，是满足铁路向现代物流企业转型、提供高素质技能人才支撑的重要途径。铁路货运业务涉及范围广，岗位工种分类细，规章数量多、关联性强、修改频繁，迫切需要梳理和建立一套完善的专业培训教材。教材不仅是劳动者终生教育和职业生涯发展的主要工具，而且是提高培训质量的重要保障。为此，广州局集团公司聚焦“交通强国、铁路先行”，组织开发了实用性、针对性、操作性强的《铁路货运岗位作业培训教材》。

《铁路货运岗位作业培训教材》由广州局集团公司货运部、职工培训部共同牵头组织，广州货运中心、长沙货运中心、衡阳职工培训基地分工负责，集中了优秀工程技术人员、工匠、首席技师编写及审定。教材涵盖了铁路货运基础知识、铁路货运票据电子化、铁路货运劳动安全、货物装载加固及超限超重运输、铁路集装箱运输、铁路鲜活货物运输、铁路货物班列运输、铁路货车篷布运用、铁路专用线货物运输、铁路货物保价及损失处理、特种设备和特种作业、铁路货运计量安全检测设备运用、铁路抑尘作业、铁路货物运输计费 14 个方面的专业内容。教材坚持继承与创新相结合，充分体现了新技术、新设备、新业务的发展与运用；教材坚持科学性与规范性，依据铁路行业标准的基本要求编写，准确体现了国家职业标准、铁路行业标准、规章制度的要求；教材坚持实用可行性原则，重点突出了应知应会、实作技能、应急处置、案例分析，既便于现场职工培训与自学，又利于管理人员提高工作水平。

本套教材适用于货运各工种适应性培训，也适用于职工新职、转岗、晋升的资格性培训和职业技能鉴定培训。在教材编写与审定过程中，得到了湖南高速铁路职业技术学院、北京扬天科技有限公司以及广州局集团公司有关部室、单位的大力支持，在此一并表示感谢。

《铁路货运岗位作业培训教材》编委会

2021 年 5 月

目　录

第一章　概　述

第一节　基本概念

一、装载加固

货物装载加固是关系到列车运行安全和货物安全的关键环节，也是保证运行安全和货物安全的重要措施。装载加固包括装载和加固两部分内容，装载是使货物均衡、稳定、合理地分布在货车上，不超载，不偏载，不偏重，不集重；加固是保证货物能够经受正常调车作业以及列车运行中所产生各种力的作用，在运输全过程中，不发生移动、滚动、倾覆、倒塌或坠落等情况。

二、装载方法

常用装载方法有顺装、横装、立装、卧装、起脊装载、爬装、突出装载、跨装等。

1. 顺装：货件或货垛长边与车地板纵中心线平行，宽与车地板横中心线平行，高垂直于车地板的装载方法，如图 1-1-1 所示。

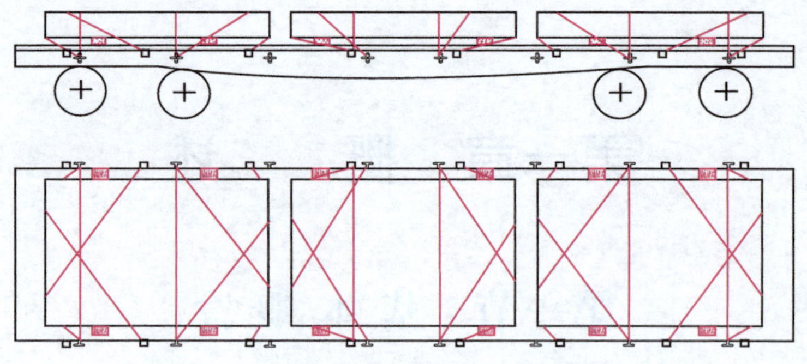

图 1-1-1　3 000～4 000 mm 长的钢板顺装

2. 横装：货件或货垛长边与车地板横中心线平行，宽与车地板纵中心线平行，高垂直于车地板的装载方法，如图 1-1-2 所示。

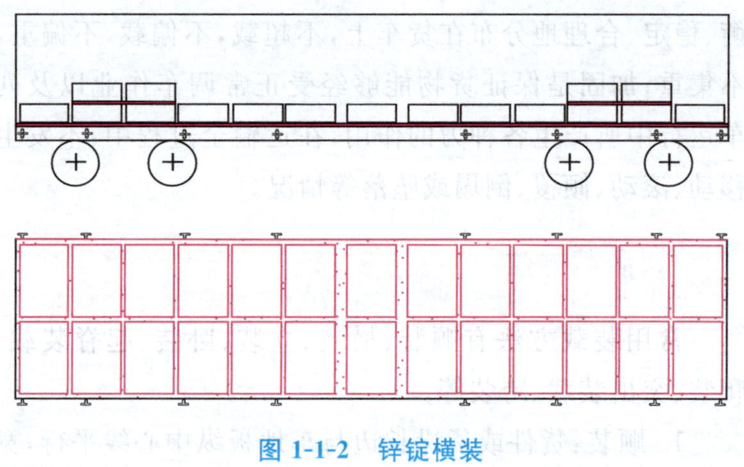

图 1-1-2　锌锭横装

3. 立装：货件长边垂直于车地板的装载方法。对圆柱体货物，则以圆柱体中轴线垂直于车地板，如图 1-1-3 所示。

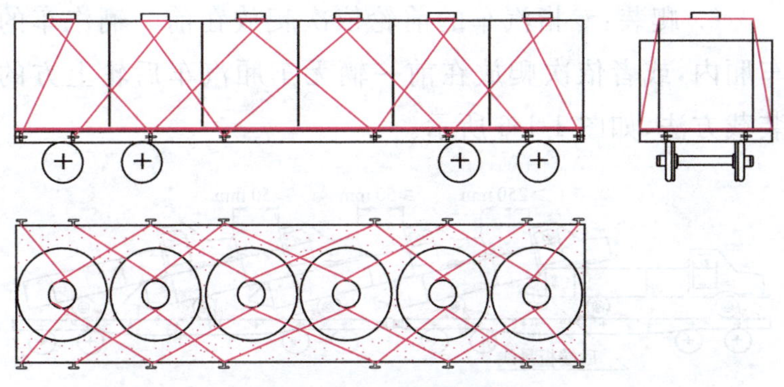

图 1-1-3　油桶立装

4. 卧装:圆柱体货物中轴线平行于车地板纵、横中心线的装载方法。顺向卧装是圆柱体货物中轴线与车地板纵中心线平行的卧装;横向卧装是圆柱体货物中轴线与车地板横中心线平行的卧装,如图 1-1-4 所示。

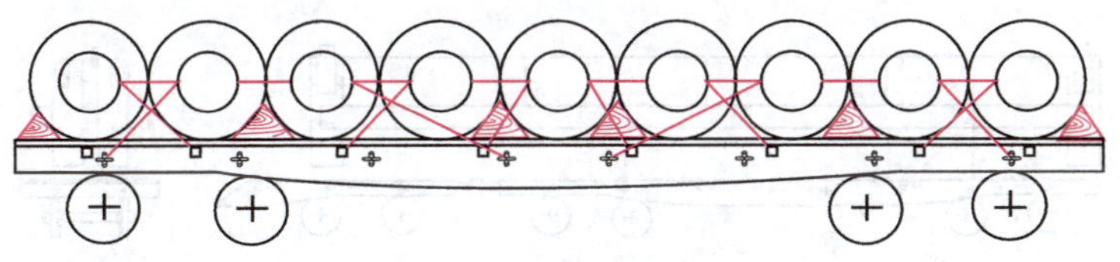

图 1-1-4　横向卧装卷钢

5. 起脊装载:将货件逐层内收、压缝的装载方式。通常用于装载高度超过车辆端、侧墙板部分货件的装载,如图 1-1-5 所示。

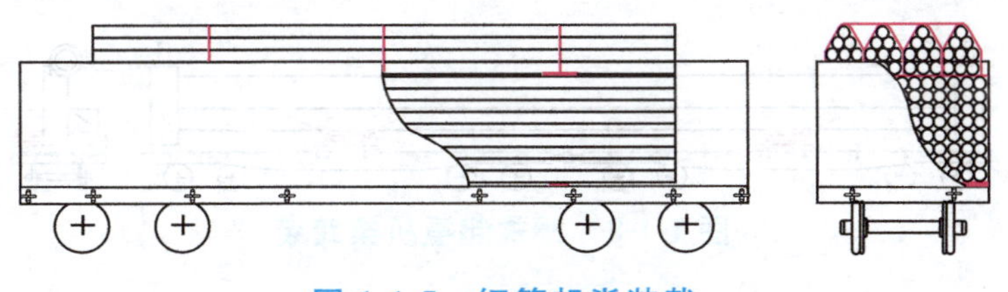

图 1-1-5　钢管起脊装载

6. 爬装:专指汽车的前轮依次爬放在前一辆汽车的车厢内,或者依次爬放在前一辆无车厢汽车后轮上方的装载方法,如图 1-1-6 所示。

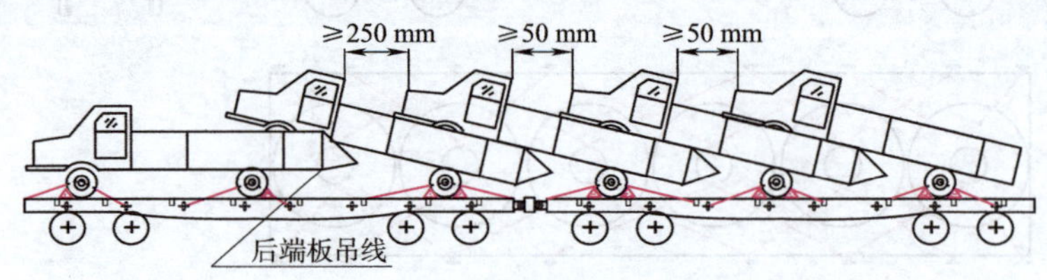

图 1-1-6 载重汽车爬装

7. 突出装载:分为一端突出和两端突出,其中,一端突出装载是指超长货物一车负重、一端突出车端的装载方法;两端突出装载是指超长货物一车负重,两端突出负重车车端的装载方法,如图 1-1-7 所示。

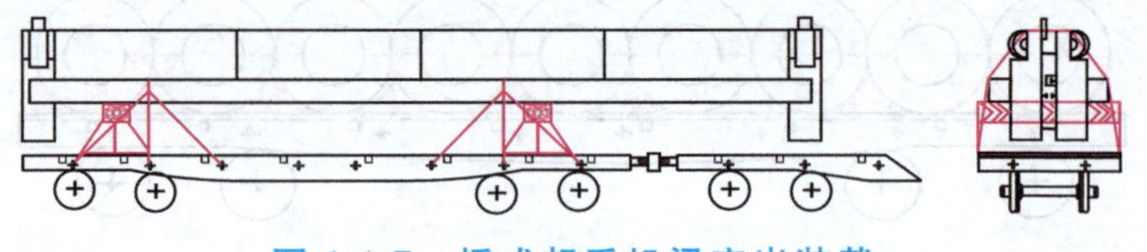

图 1-1-7 桥式起重机梁突出装载

8. 跨装:货物的长度需要使用两辆及以上平车装运时,使用货物转向架所采取的两车负重的装载方法,如图 1-1-8 所示。

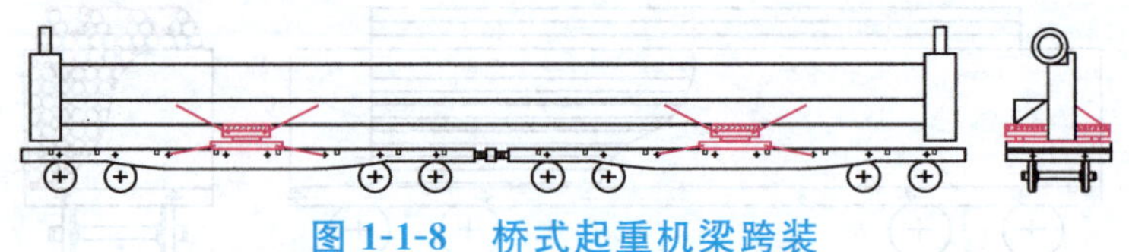

图 1-1-8 桥式起重机梁跨装

三、加固方法

(一)常用加固方法

常见加固方法有拉牵加固、围挡加固、掩挡加固、腰箍下压式加固、整体捆绑、防滑衬垫加固、焊接加固等。

1. 拉牵加固是指利用加固线许用拉力防止货物移动、滚动或倒塌的捆绑加固方法,拉牵可采用八字形、倒八字形、交叉、端部单交叉、端部双交叉、兜头拉牵等方式。

(1)八字形:指使用加固线从货件的一个或两个拴节点上向其两外侧拉牵,并拴结在车辆两个拴结点上捆绑加固,如图 1-1-9 所示。

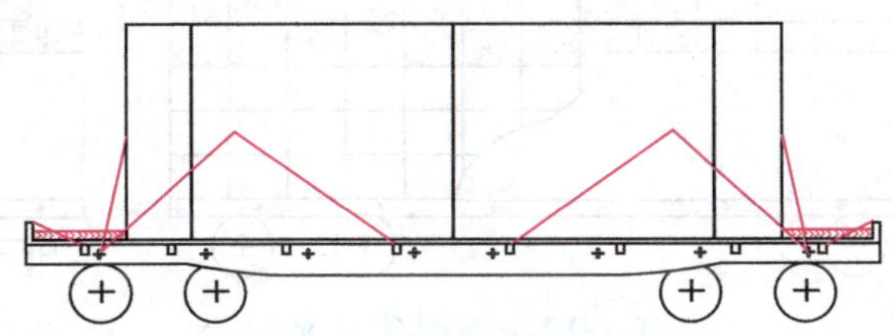

图 1-1-9 八字形拉牵

(2)倒八字形:指使用加固线从货件的两个拴结点上向其两内侧拉牵,并拴结在车辆同一拴结点或相距较近两个拴结点上捆绑加固,如图 1-1-10 所示。

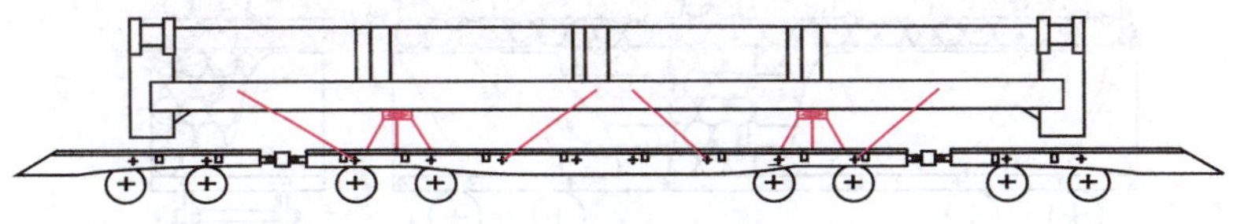

图 1-1-10 倒八字形拉牵

(3)交叉:指两道对应拉牵加固线,出现相互交叉捆绑,如图 1-1-11 所示。

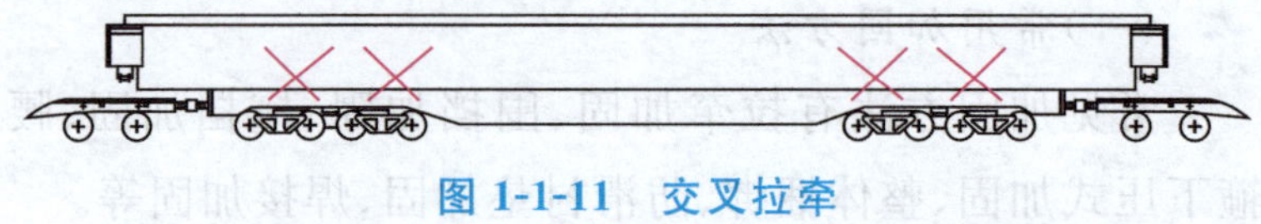

图 1-1-11 交叉拉牵

(4)端部单交叉:加固线分别从车侧端部起算的第一拴结点起,斜向依次经过货物侧面、端面和顶面后,至另一车侧拴结在从车侧端部起算的第二个拴结点上的捆绑。捆绑后加固线货物端面将形成一个交叉,如图 1-1-12 所示。

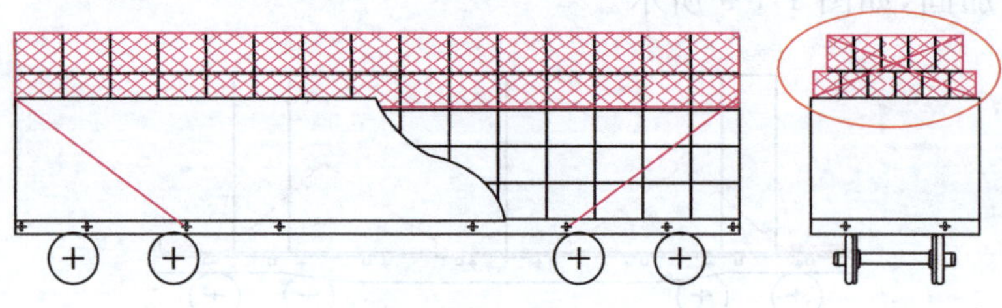

图 1-1-12 端部单交叉拉牵

(5)端部双交叉:在端部单交叉捆绑的基础上,再进行一次端部单交叉捆绑的捆绑,捆绑后在货物的端部形成两个交叉,如图 1-1-13 所示。

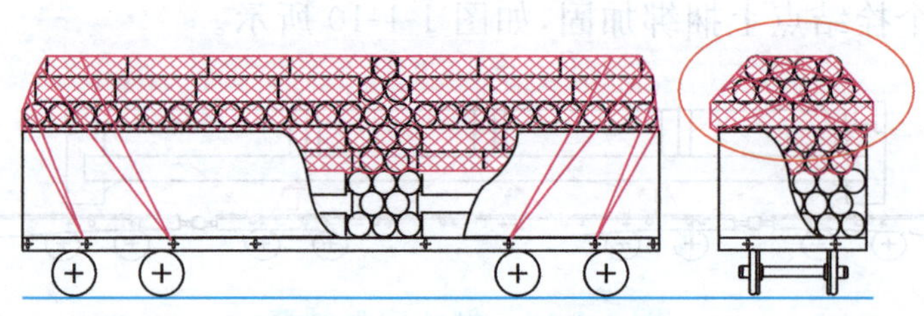

图 1-1-13 端部双交叉拉牵

(6)兜头拉牵：指加固线从车辆一侧的拴结点起，经过货物端面(货物端面已采取了防止加固线下滑脱落措施)，至车辆另一侧对应拴结点上的捆绑，如图 1-1-14 所示。

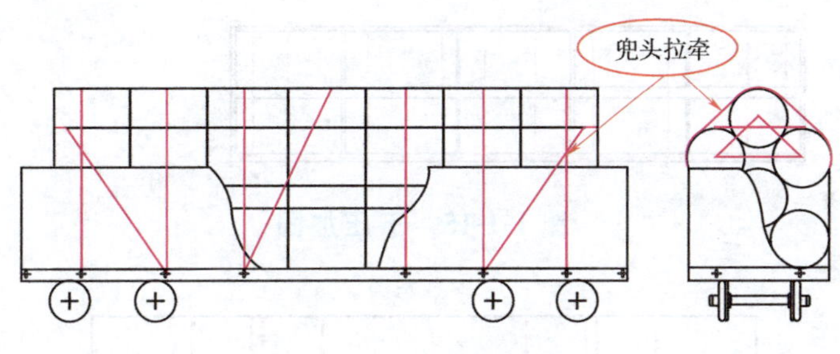

图 1-1-14　兜头拉牵

2. 围挡加固：利用围挡防止超出车辆端侧墙的货物倒塌、坠落、撒漏等情况的加固方法。

3. 掩挡加固：利用固定在车地板上的挡木、三角挡、掩木、挡铁等加固材料，防止货物移动、滚动或倾覆的加固方法。

4. 下压加固：指加固线经过货物顶面，利用加固线的许用拉力向下拉牵，达到增大货件间和货物对车地板的压力、摩擦力的加固方法。下压加固含横向下压、腰箍下压、纵向下压、叉字形下压、反叉字形下压等方式，如图 1-1-15 所示。

5. 腰箍下压式加固：腰箍加固属横向下压加固，加固线为腰箍。使用扁钢带时，两端用螺栓固定或进行焊固；使用钢丝绳时，用钢丝绳夹头卡紧，如图 1-1-16 所示。

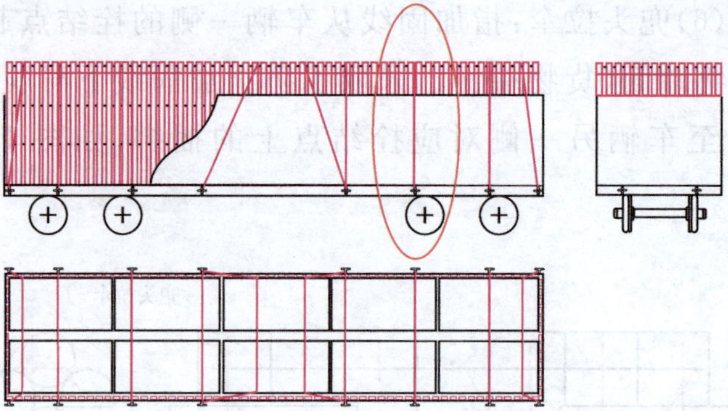

图 1-1-15 下压加固

图 1-1-16 腰箍下压式加固

6. 整体捆绑：利用盘条、钢丝绳、绳索等加固材料，防止货物倒塌、倾覆等情况的加固方法，如图 1-1-17 所示。

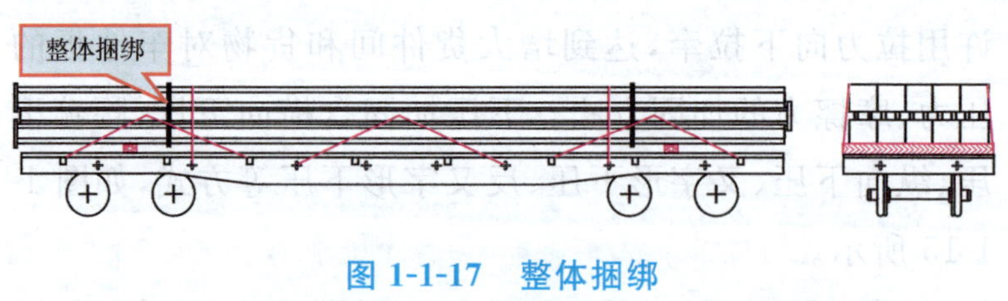

图 1-1-17 整体捆绑

7. 防滑衬垫加固：利用草支垫、稻草垫等防滑衬垫材料，增加货物与车地板间摩擦力，防止货物位移、窜动等情况的加固方法。

8. 焊接加固:在铁地板车辆上焊接挡铁、斜撑、拉杆、支撑架等加固材料,防止货物移动、滚动或倾覆的加固方法,如图 1-1-18 所示。

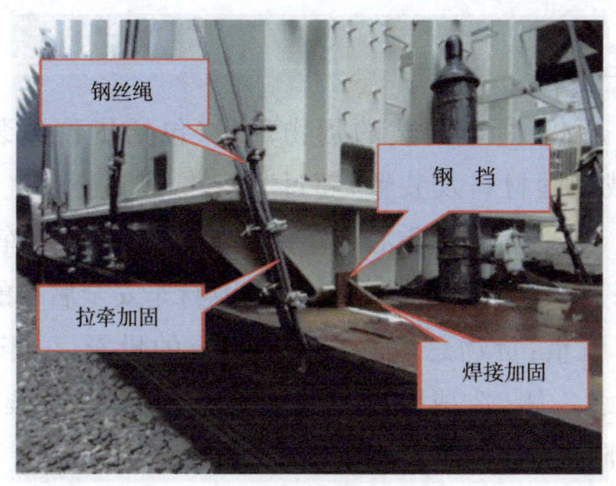

图 1-1-18 焊接加固

(二)加固的一般要求

1. 使用多股镀锌铁线、盘条加固时,需用绞棍绞紧,绞紧程度不能损伤铁线、盘条。

2. 使用钢丝绳加固时,应采用配套的钢丝绳夹。使用紧线器或钢丝绳紧固器作连接装置时,紧线器或钢丝绳紧固器中的紧固装置与钢丝绳的强度应匹配。

3. 使用挡木或钢挡加固时,其高度不宜过大,与车地板之间要有足够的连接强度。

4. 掩挡的有效高度应符合要求,掩挡与车地板的连接强度必须足以保证掩挡自身不发生移动或倾覆。

5. 使用腰箍下压式加固时,每道腰箍的预紧力必须达到设计要求。

6. 必要时,加固线与货物、车辆棱角接触处应采取防磨措施。

四、超偏载

(一)定义

1. 超载:货车装载的货物重量(包括货物包装、防护物、装载加固材料及装置)超过其容许载重量。

2. 偏载:货物总重心在车地板上的投影,位于车地板纵中心线一侧,且偏离超过限度,有危及行车安全后果的情形。

3. 偏重:货物总重心在车地板上的投影,位于车地板横中心线一侧,造成同侧转向架承重或两转向架承重之差超过限度,有危及行车安全后果的情形。

4. 集重:货物在车地板上的装载布局不当,造成车辆任一梁件的工作应力超过其许用应力的装载情况。

(二)超偏载分级

作为货检站整理、换装的依据时,货车超偏载分严重、一般两级,具体分级标准见表 1-1-1。

表 1-1-1　货车超偏载分级

项目	严　重	一　般
超载	大于货车容许载重量 10 t	大于货车容许载重量 5 t 但未达到严重程度
偏载	货物总重心投影距车辆纵中心线距离大于 150 mm	货物总重心投影距车辆纵中心线距离大于 100 mm 但未达到严重程度
偏重	货车两转向架承受重量之差大于 15 t	货车两转向架承受重量之差大于 10 t 但未达到严重程度

以上的分级标准不作为装车站是否处理超偏载问题的依据。

五、超限超重货物

超限超重货物运输对保障国家重点工程建设和国防建设需要、促进国民经济发展具有重要意义。各单位必须高度重视，加强组织领导，强化业务培训，配备专人负责超限超重货物运输工作。铁路局集团公司货运主管部门超限超重货物运输管理工作实行AB岗双人负责制。

（一）超限货物定义及等级划分

1. 定义

货物装车后，车辆停留在水平直线上，货物的任何部位超出机车车辆限界基本轮廓者或车辆行经半径为300 m的曲线时，货物的计算宽度超出机车车辆限界基本轮廓者，均为超限货物。

2. 等级划分

根据货物的超限程度，超限货物分为三个等级：一级超限、二级超限和超级超限。

（1）一级超限：自轨面起高度在1 250 mm以上超限但未超出一级超限限界者；

（2）二级超限：超出一级超限限界而未超出二级超限限界者，以及自轨面起高度在150 mm至未满230 mm间超限但未超出二级超限限界者；

（3）超级超限：超出二级超限限界者，以及自轨面起高度在230 mm至1 250 mm间超限者。

3. 类型划分

根据货物超限部位所在的高度，超限货物分为三种类型：上部超限、中部超限和下部超限。

(1)上部超限：自轨面起高度超过3 600 mm，任何部位超限者；

(2)中部超限：自轨面起高度超过1 250 mm至3 600 mm之间，任何部位超限者；

(3)下部超限：自轨面起高度在150 mm至1 250 mm之间，任何部位超限者。

(二)超重货物定义及等级划分

1. 定义

装车后，重车总重活载效应超过桥涵设计标准活载(中—活载)的货物，称为超重货物。

2. 等级划分

根据货物的超重程度，超重货物分为三个等级：一级超重、二级超重和超级超重。

(1)一级超重：$1.00<Q\leqslant1.05$；

(2)二级超重：$1.05<Q\leqslant1.09$；

(3)超级超重：$Q>1.09$。

注：Q为活载系数。

第二节 岗位要求

一、货运员

掌握岗位劳动安全及专业安全知识。

审核是否具备办理该货物运输的条件，主要包括确定运输条件（货物属性，车种车型，装载加固方案，装卸能力），特殊货物营业办理条件。不具备条件时，给以解释说明；具备条件时，给以受理。

掌握铁路货物运输基本条件、机车车辆相关基础知识、货物装载加固的基本技术条件、装载加固材料及装置的使用要求，掌握超限超重货物运输和装卸车作业有关规定、计算机相关信息系统操作、一般作业流程等技能。

重点掌握货物装载、堆码方法，掌握货物加固方法，掌握检查车门、窗、盖、阀关闭及篷布绳网苫盖方法，掌握货物、货车装载质量检查方法；掌握超限货物装车前测量基本要求及长宽高测量规定、超限货物装车后测量、重车重心高计算方法、超限超重装载加固材料和装置的使用、超限超重货物运输作业及电报管理的技能。

掌握常见货车基础知识和货物品类；落实制单卡控，重点审核货物运单上装载加固方案号码、超限等级等相关记事的填记情况；熟练掌握超限货物运费加成等有关规定。

二、货装值班员

掌握岗位劳动安全及专业安全知识；掌握货运装卸作业、装载加固、货物运输作业、货物装载加固技术条件等基本理论知识。

掌握指导装卸车作业、操作货运相关系统、军事运输及超限超重货物装卸车作业实作技能。

能够熟练掌握货物装载加固的基本技术要求、装卸安全要求及作业标准，掌握装载加固方案编制技能，掌握加固材料及装置的使用方法，掌握货车装载有关规定，掌握超限超重货物尺寸测量、超限超重货物运输记录（附录1-1）填写、申请和挂运电报拍发等技能。

第二章　铁路货物装载加固基本作业

第一节　货　　车

一、常见货车车辆参数和部件名称

（一）货车技术参数

1. 基本要求

货车的技术参数由中国国家铁路集团有限公司（简称国铁集团）有关部门公布，凡货车车体上的标记技术参数与附录不一致时，以车体上的标记技术参数为准。货车制造、检修单位应确保货车车体上涂打的标记技术参数的准确性。

凡未经国铁集团有关部门公布的，技术参数不全的敞车、平车、棚车及长大货物车，一律不得使用。

2. 常用车型的技术参数

详见附录 2“敞车、平车、棚车、长大货物车技术参数表”。

（二）常见货车部件名称

以下为敞车、棚车、平车和罐车等四种常见的货车部件名称，以车辆部门的标准为准。

1. 敞车

敞车部件名称如图 2-1-1～图 2-1-6 所示。

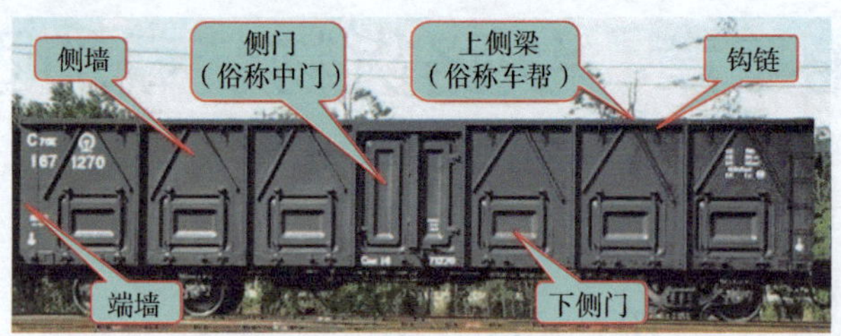

图 2-1-1　敞车总图

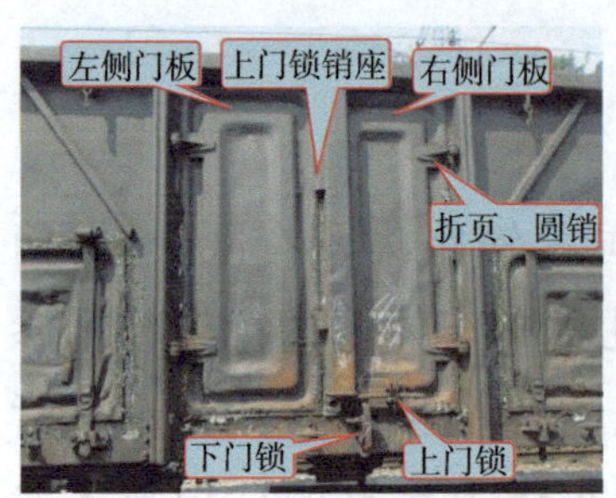

图 2-1-2　敞车中门(1)

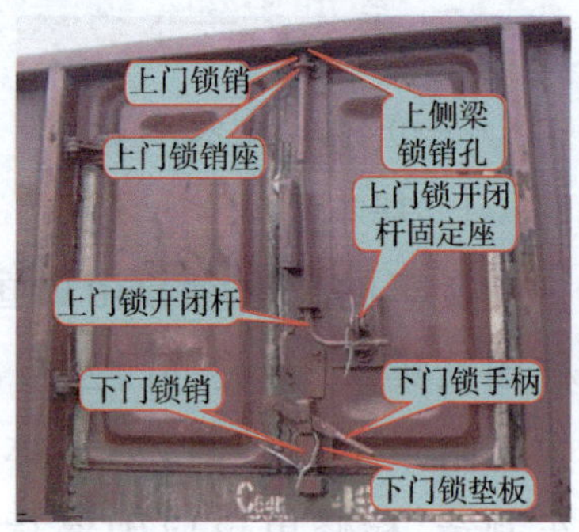

图 2-1-3　敞车中门(2)

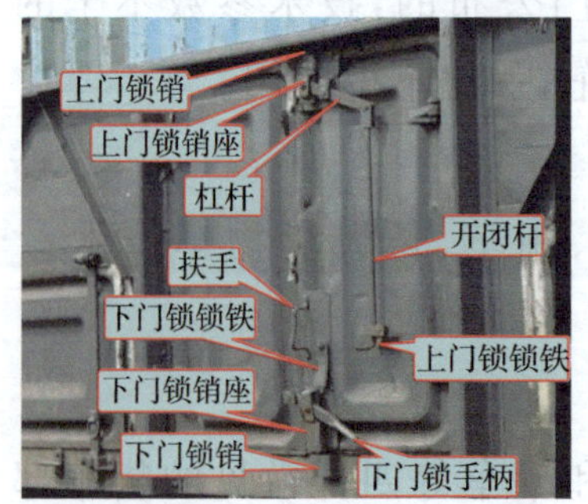

图 2-1-4　敞车中门(3)

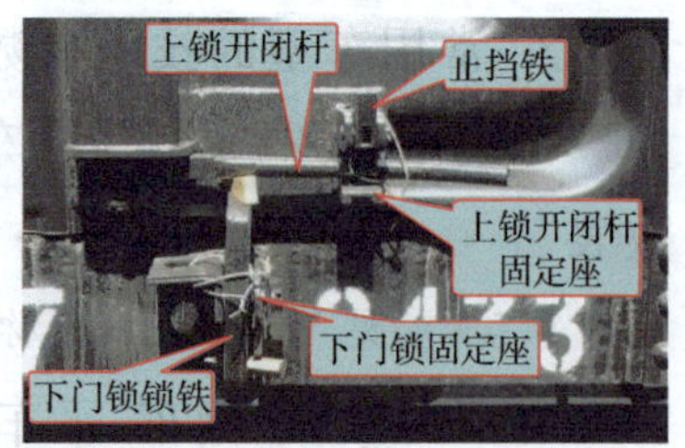

图 2-1-5　敞车侧门锁闭装置

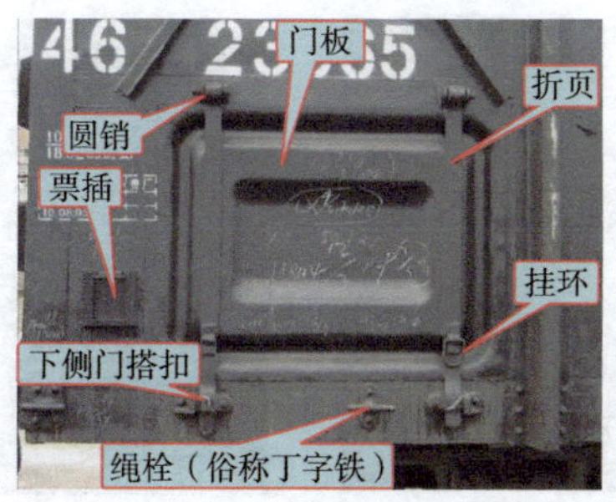

图 2-1-6　敞车下侧门

2. 棚车

棚车部件名称如图 2-1-7～图 2-1-12 所示。

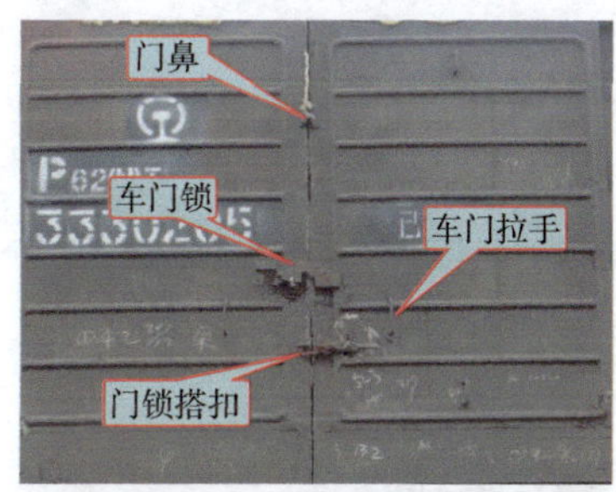

图 2-1-7　棚车车门

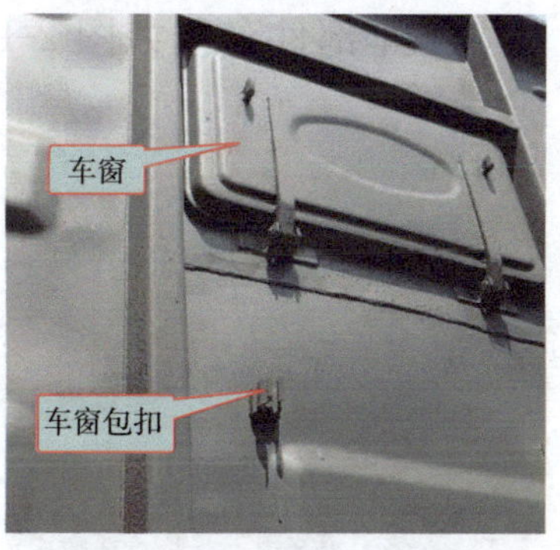

图 2-1-8　棚车车窗

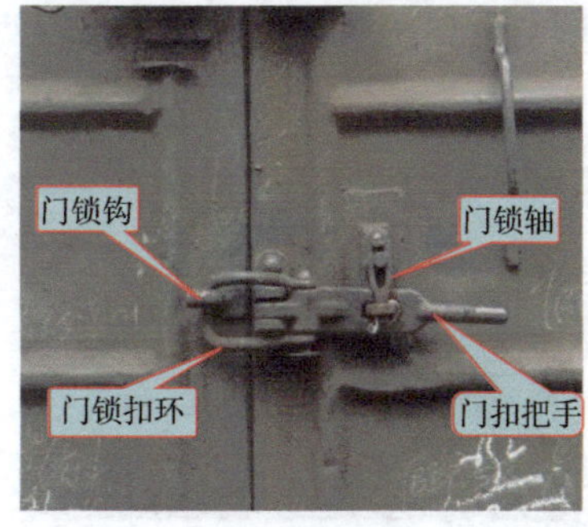

图 2-1-9　棚车车门扣

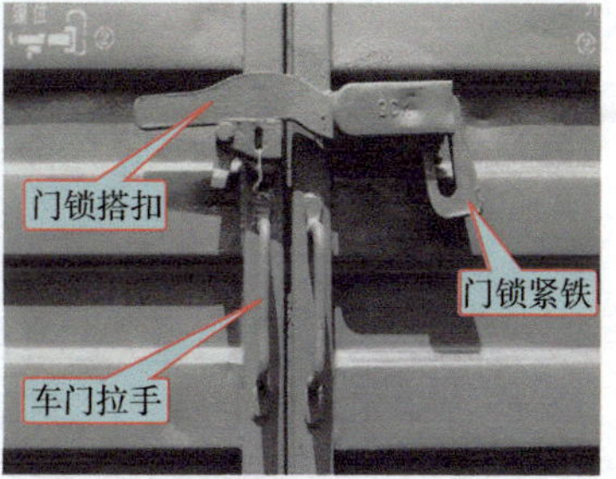

图 2-1-10　棚车车门锁

图 2-1-11 棚车车门滑动装置(1)

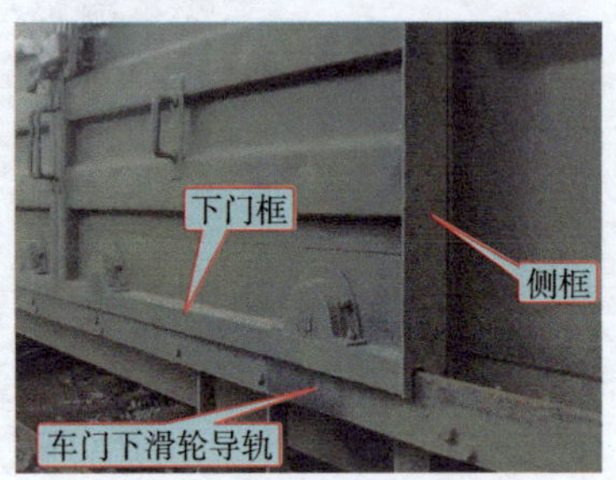

图 2-1-12 棚车车门滑动装置(2)

3. 平车

平车部件名称如图 2-1-13～图 2-1-16 所示。

图 2-1-13 集装箱专用平车(1)

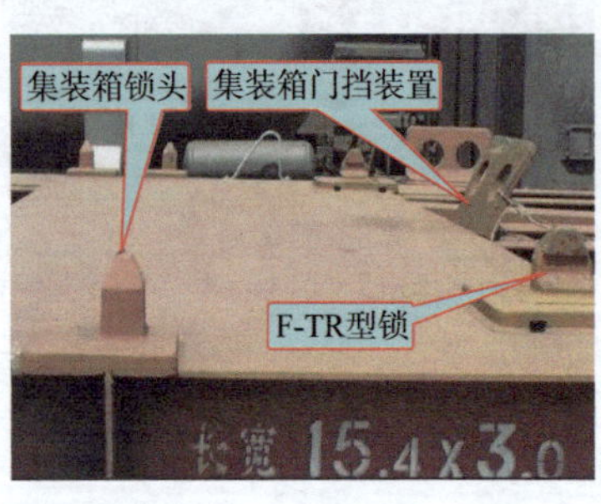

图 2-1-14 集装箱专用平车(2)

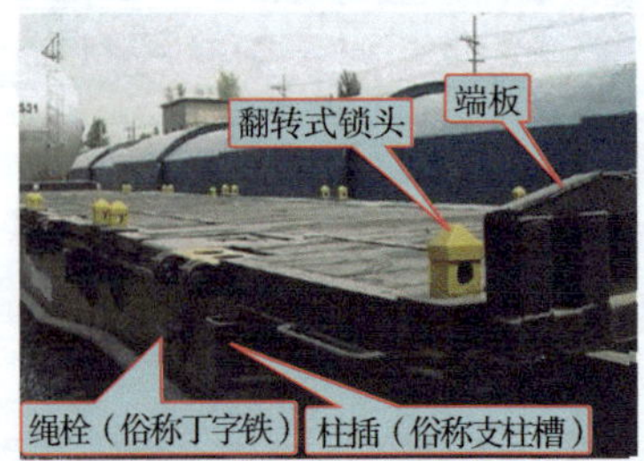

图 2-1-15 两用平车

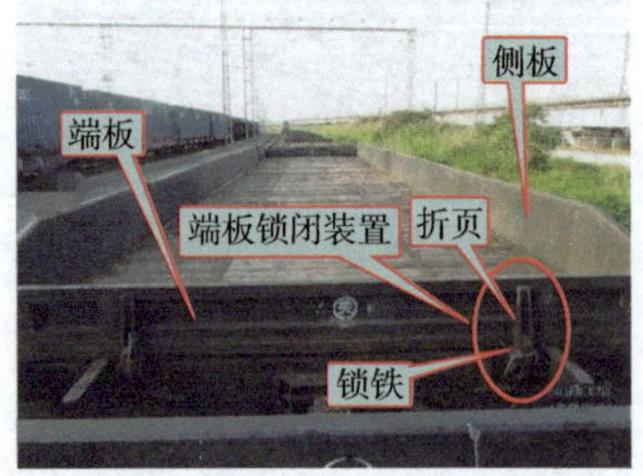

图 2-1-16 普通平车

4. 罐车

罐车部件名称如图 2-1-17～图 2-1-20 所示。

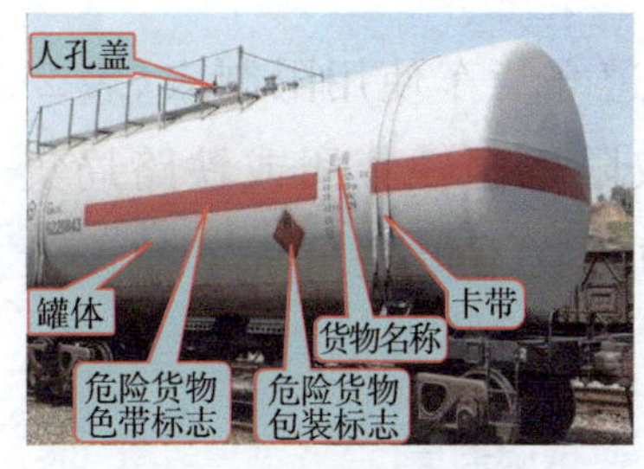

图 2-1-17　危险货物罐车

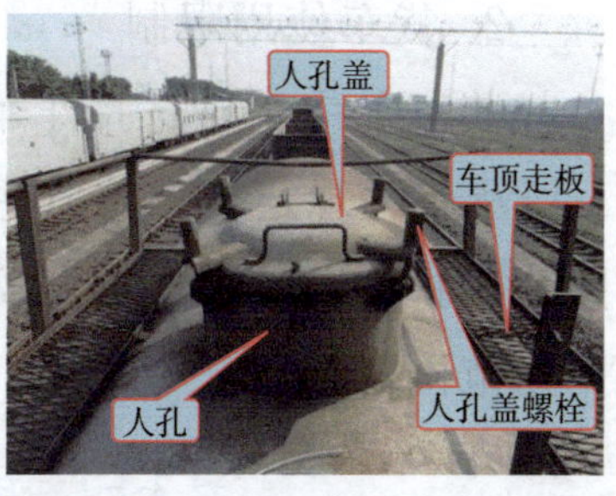

图 2-1-18　罐车人孔盖结构

图 2-1-19　罐车端部阀盖

图 2-1-20　罐车侧部阀盖

二、货车使用限制

1. 车辆状态检查

货物装载前应选用状态良好的车辆，认真检查车辆状态。严禁使用车体、车地板严重破损，车门、车窗不全，敞车中侧门部件和下侧门搭扣不全、损坏，难以关闭，以及棚车车门存在脱落隐患等技术状态不良的车辆装运货物。装运青藏线格拉段的货物，必须选择定检在两个月内不到期、不是关门车的通用货车或 J_5SQ、J_6SQ、JSQ_5、JSQ_6 型等运输汽车专用车。

2. 货车使用限制

装车前应正确选择车辆,遵守货车使用限制表(表 2-1-1)及有关规定。未按管理权限经国铁集团或铁路局集团公司批准,各类货车装载的货物不得超出货车的设计用途范围。

表 2-1-1 货车使用限制表

顺号	车种 / 限制条件 / 货物名称	棚车	敞车	底开门车	有端侧板平车	无端侧板平车	有端板无侧板平车	铁地板平车	共用车	备注
1	散装的煤、灰、焦炭、砂、石、土、矿石、砖	×				×	×	×	×	无端侧板平车或有端板(渡板)无侧板平车(共用车除外),在使用围挡并安有支柱时,可装运煤、灰、砂、石、土、砖
2	金属块			×		×	×	×	×	无端侧板平车或有端板(渡板)无侧板平车(共用车除外),在使用围挡并安有支柱时,可装运散装的金属块
3	空铁桶				×	×	×	×	×	应加固并外罩绳网
4	木材				×	×	×	×	×	
5	超长货物	×	×	×				×		
6	超限货物	×		×				×		

续上表

顺号	限制条件 车种 货物名称	棚车	敞车	底开门车	有端侧板平车	无端侧板平车	有端板无侧板平车	铁地板平车	共用车	备注
7	钢轨	×		×				×		
8	组成的机动车辆	×	×	×				×		组成的摩托车、手扶拖拉机及小型车辆可使用棚车，在到站有起重能力时，可使用敞车

注：×——不准使用的车种。

第二节 货　　物

一、普通成件货物

普通成件货物一般使用棚车、敞车、平车装运。装载成件包装货物时，应排列紧密、整齐。

（一）棚车装载普通成件货物

1. 装载货物时应轻拿轻放、大不压小、重不压轻、长不压短、码放稳固、标签向外，符合包装指示标志要求。

2. 装车时，应将货物均衡装载在车地板上，货物码放与车门距离不得小于 100 mm，不超载、不偏载、不集重，易滚动、窜动、倒塌的货物不得装在车门处或车内上层，并采用可靠的防滚动、防窜动、防倒塌措施。

(二)敞平车装载普通成件货物

1. 按《铁路货物装载加固规则》(简称《加规》)规定，制定装载加固方案。

2. 当装载高度或宽度超出货车端侧墙(板)时，应层层压缝，梯形码放，四周货物倾向中间，两侧超出侧墙(板)的宽度应一致。袋装货物袋(扎)口应朝向车内。

3. 对超出货车端侧墙(板)高度的成件包装货物，应用绳网或绳索串联一起捆绑牢固，也可用挡板(壁)、支柱、镀锌铁线(盘条)等加固。袋装货物起脊部分应使用上封式绳网等进行加固。

4. 装车后货物总重心的投影应位于货车纵、横中心线的交叉点上。必须偏离时，横向偏离量不得超过 100 mm；纵向偏离时，每个车辆转向架所承受的货物重量不得超过货车容许载重量的二分之一，且两转向架承受重量之差不得大于 10 t。

二、散堆装货物

散堆装货物一般使用敞车、罐车装运(集装箱除外)。

(一)敞车装载散堆装货物时

1. 重量确定

(1)装载散堆装货物，轨道衡、汽车衡、电子秤、流量计、智能轮重测定仪五种确定重量的措施必须至少选用一种，否则不准装车。

(2)使用装载机装载散堆装货物，装车前需校对电子秤，并打印磅单。

(3)装车时须严格遵守装载机操作规程,确保电子秤计重准确。

2. 防止撒漏

应选用车辆技术状态良好的货车,尽量不用车门缝隙可能导致货物撒漏的车辆,减少堵漏成本支出,提高装车效率和装载质量。

(1)装运散堆装货物时,应采取措施防止货物撒漏。

(2)正确采取堵漏措施。在装车前须使用三角木楔将车门(中门、下门)顶紧,使车门与车体紧贴,如顶紧后仍有缝隙时,可使用堵漏条将车门缝隙封堵塞好,同时应根据缝隙大小选取相应型号堵漏条,不得以小代大。

(3)车门必须加固良好。中门上插销必须入槽,下部必须用10号铁线加固;下门搭扣必须良好,用10号铁线加固。

(4)散堆装货物装车后应将撒落在车体外各处(包括车帮、端部横梁、手闸、制动台、踏板、车钩等)的货物、杂物清扫干净。

3. 货物平顶

散堆装货物装车后应采取平顶等措施防止偏载偏重。

(二)罐车装载散堆装货物时

使用罐车装运散堆装货物,在装车前,需检查确认罐车无残留(板结)货物,发现有残留(板结)货物时需清理干净。装车后确认货物装载均衡,方可办理运输。

三、超长货物

超长货物是一车负重、突出车端、需要使用游车或跨装运输的货物。平车装载超长货物时，常用装载方法为：一车负重、一端或两端突出装载；用两辆或两辆以上平车跨装。

1. 一辆平车装载超长货物，应遵守下列规定：

①均重货物使用 60 t、61 t 平车装载，两端均衡突出时，其装载重量不得超过表 2-2-1 的规定。

表 2-2-1　突出车端长度要求

突出车端长度 L/mm	$L<$ 1 500	1 500≤ $L<$ 2 000	2 000≤ $L<$ 2 500	2 500≤ $L<$ 3 000	3 000≤ $L<$ 3 500	3 500≤ $L<$ 4 000	4 000≤ $L<$ 4 500	4 500≤ $L\leq$ 5 000
容许载重量/t	58	57	56	56	55	54	53	52

②货物一端突出端梁装载时，重心容许纵向偏离量具体计算确定。

③所用横垫木或支(座)架的高度，根据计算确定。

④共用游车时，两货物突出端间距不小于 500 mm，如图 2-2-1 所示。

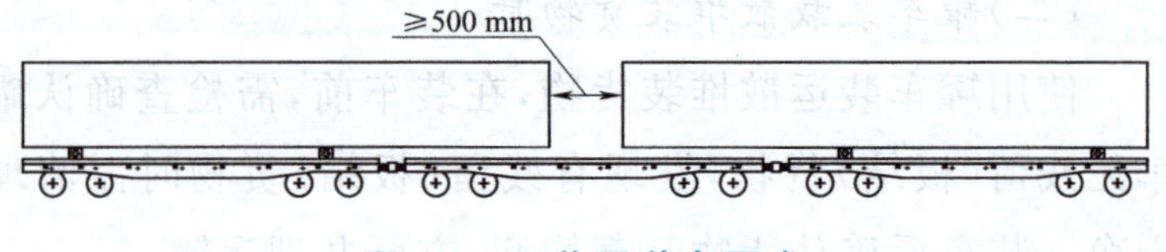

图 2-2-1　共用游车要求

⑤游车上装载的货物，与货物突出端间距不小于350 mm，如图 2-2-2 所示，货物突出部分的两侧不得装载货物。

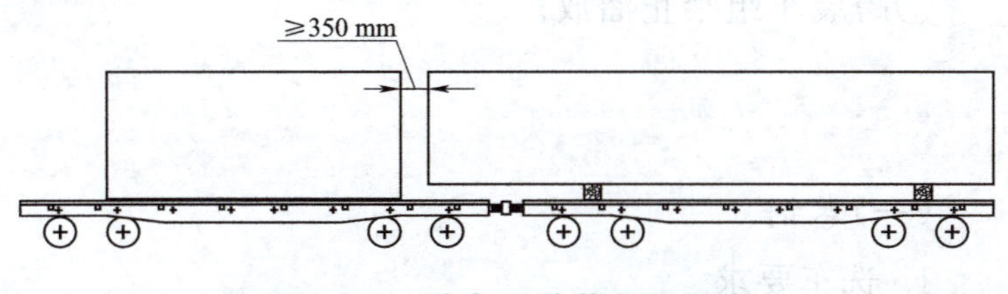

图 2-2-2　游车上装载货物要求

2. 跨装超长货物应遵守下列规定：

①只准两车负重。负重车车地板高度应相等，如高度不等时，需要垫平。

对未达到容许载重量的货车，可以加装货物，但不得加装在货物的两侧，与跨装货物端部间距不小于 400 mm。

②在两辆负重车的中间只准加挂一辆游车。

③跨装货物应使用货物转向架。

货物转向架的支重面长度应遵守《加规》第十六条的规定。货物转向架下架体的重心投影应位于货车纵、横中心线的交叉点上，必须纵向偏离时，应遵守《加规》第十二条的有关规定。

④货物转向架上架体与跨装货物，下架体与车辆分别固定在一起。对货物及货物转向架的加固不得影响车辆通过曲线，并将提钩杆用镀锌铁线捆紧。

⑤中间加挂游车的跨装车组通过 9 号及以下道岔时不得推送调车。遇设备条件不容许或尽头线时，可以不

超过 5 km/h 的速度匀速推进。

⑥跨装车组应使用车钩缓冲停止器，安装应在车钩自然状态下进行。

⑦跨装车组禁止溜放。

四、特定货物

(一)卷钢

1. 选车要求

卷钢应使用木地板平车和 C62A＊、C62A＊K、C62AK、C62A＊T、C62AT、C62BK、C62BT、C64K、C64H、C64T、C70、C70H、C70E、C70EH 等敞车装载。

优先选用平车和专用车装运卷钢，优先采用立装方式装运卷钢，优先使用钢座架卧装卷钢。

装车单位应按照方案准用的车种车型，选用状态良好的货车，认真检查货车车体、车门、车地板是否完整良好，彻底清理干净车地板上残留的煤渣、矿石及其他杂物，防止杂物影响防滑效果。

2. 装载方法

卷钢可立装、卧装或集束立装。立装时，卷钢的直径宜大于本身高度，不满足时应采取有效的防止倾覆和位移的措施。卧装时，可使用钢座架(座架须与车体固定)；用木地板平车卧装时，可将相邻卷钢用夹具或镀锌铁线(盘条等)捆在一起，并用三角挡掩紧钉固。集束立装时，集束端最短距离应大于集束高度，卷钢中部用镀锌铁线(盘条等)捆绑在一起，并采取防止镀锌铁线(盘条等)下滑措施。

卷钢无论立装、卧装或集束立装，卷钢(组)本身应用镀锌铁线、盘条或钢丝绳等与车体捆绑加固(装载在座架上，以及使用凹形草支垫(含凹形玉米秸秆支垫，下同)、稻草掩挡装运的可除外)。

卷钢使用敞车装运时，应采取有效的防滑措施。

禁止卷钢与其他货物混装。

3. 装载加固材料

卷钢装载加固使用的凹形草支垫、稻草垫、钢护板、钢座架等加固材料(装置)，必须是经检测合格的产品。

凹形草支垫应具有阻燃性能(使用敞车装载苫盖篷布的除外)，其表面须喷洒阻燃剂，阻燃有效期须不低于30天，并在有效期内使用，保证运输全过程阻燃措施不失效。

使用凹形草支垫装运卷钢时，装车站需比照试运方案的管理要求从严掌握，按车号记载卷钢和加固材料规格、到站、装载件数、方案编号、中途站和到站信息反馈情况等，在货物运单“承运人记事”栏记明方案编号。

卷钢装载加固使用的各种钢丝绳紧固器、钢丝绳、钢丝绳夹、盘条、铁线以及橡胶垫等加固材料必须符合国家标准。

4. 重量确定

装车单位或装车站应使用轨道衡、汽车衡等衡器确定货物装载重量，确保符合货物装载方案规定。

5. 装车要求

装车单位应根据所使用的方案，认真核对货物规格、重量、件数以及加固材料(装置)规格、质量等，与方案不符时不准装车。装车单位应做到：

装车前，根据使用的方案，确定装载位置并标画装载位置线，放置装载加固材料（装置）。装运热轧卷钢时，应使用红外线测温仪检测其温度，保证货物温度不超过 70℃。

装车时，根据装载方案，确定货物装载位置，对所装货物进行加固，加固方法必须与方案相符。加固线与货物和车辆棱角接触处，必须采取防磨措施。

装车后，应对装载加固情况进行检查确认，确保符合方案规定。对车帮、端部横梁、车门搭扣、丁字铁、车钩、手闸台等部位残留杂物进行清理，确保敞车车门及平车端侧板必须关闭良好。同时对货物装载加固状态拍照或录像存查。照片或录像应能反映货物装载加固全貌及关键部位状态，保管期限为三个月。

（二）废钢铁、箱装玻璃、料石

1. 装车站要求

废钢铁、箱装玻璃、料石装车站必须符合下列办理条件：

（1）装车线路是平直线路；

（2）专用线、专用铁路内发送的，发送品名“钢铁”（“废钢铁”）、“玻璃”或“石料”应在《铁路专用线专用铁路名称表》中公布；

（3）配有足够的智能轮重测定仪；

（4）有完善可行的货物装载加固安全管理办法，管理办法应有防止货物超载、偏载、偏重和坠落的措施，有完善的货物受理、装载加固方案选择、装车作业、核算制票、车辆挂运、资料保管等作业环节的质量控制制度；

(5)装车站装载加固主管需经国铁集团或其指定的培训机构进行业务培训并且考试成绩合格；

(6)专用线、专用铁路内发送的，专用线、专用铁路须与车站签订运输协议和安全补充协议，明确交接检查制度和双方应承担的责任。

装车作业人员需经货运站段培训并且考试成绩合格。

2. 开办业务申请

装车站申请开办废钢铁、箱装玻璃和料石发送运输业务时，由货运站段以正式文电向货运部提出申请，填写“废钢铁、箱装玻璃和料石装车站申请表”(附录1-2)，同时提交装车站办理条件所需资料，货运部审核符合规定的以电报公布。

(三)金属材料及制品

1. 金属块、锭、坯

装载单件重量1 t及以下的金属块、锭、坯时，须均匀分布在车地板上。靠端侧墙(板)处货物的装载高度须低于端侧墙(板)。

单件重量超过1 t、不足4 t的金属块、锭、坯，应大小头颠倒，均衡装载，可使用挡木或支撑方木加固。

成垛(捆)装载时，要求堆码整齐，并用镀锌铁线或盘条捆牢防止倾覆。

2. 钢板

钢板可使用敞、平车装载。每垛货物高度一般不得大于货物底宽的80%，不满足时应采取有效措施防止倒塌，货物层间及与车地板间应衬垫防滑，重量分布应符合《加规》有关规定。

使用平车装载钢板时，可单排或双排顺装，装载高度超出端、侧板时，可使用支柱。每垛钢板采用反又字下压加固，视钢板长度不少于2道，端部采用交叉斜拉加固。

使用敞车装载钢板，钢板宽度小于1.3 m时，应双排顺装，每垛使用盘条(钢丝绳)或钢带整体捆绑，捆绑间距不大于2.5 m。钢板宽度不小于1.3 m时，可单排顺装。长度7～9 m的钢板允许中部搭头，两端紧靠车端墙。

3. 成捆或盒装薄板、马口铁、矽钢片

成捆或盒装薄板、马口铁、矽钢片等货物可使用敞车、棚车装载。成垛装载时，要求分布均衡，每垛货物高度不得大于货物底宽的80%。货物层间及与车地板间须加防滑衬垫。

4. 钢丝绳、电缆

钢丝绳、电缆可使用敞、平车装载。卧装时，可使用钢、木座架，并采取加固措施。使用敞车立装时，每个轮盘下部垫横垫木(条形草支垫)或稻草垫。

5. 型钢及管材

型钢及管材可使用敞、平车装载。根据需要可使用硬木支柱(钢管支柱)、隔木、掩木、稻草垫(条形草支垫或稻草绳把)、镀锌铁线、盘条、钢丝绳等材料进行加固。

(1)长短不一的各类型钢及管材混装一车时，应将重的装在下面，轻的装在上面，长的装在两侧，短的装在中间。

同一规格型钢及管材应成垛(捆)装载，堆码整齐，必要时，允许搭头、压边、压缝或重叠装载。

(2)型钢及管材的装载高度超出侧墙(板)时，每垛货物至少安插两对支柱。超出高度在 1 m 及以内时，捆 1 道腰线；超过 1 m 时，捆 2 道腰线。必须封顶。

敞车起脊装载管材不使用支柱时，每垛(捆)管材需用钢带或钢丝绳捆绑，层间衬垫防滑。

(3)使用有端侧板平车装载长大型钢时，应紧密排摆成梯形，层间加垫防滑衬垫，并采用整体捆绑及反又字下压式加固。

(4)使用敞车装载大型管材时，应成垛(捆)装载，底部须掩垫牢固。仅使用衬垫防滑加固时，装载在最上层的管材，超过端侧墙高度应小于管材直径的二分之一。

(四)长钢轨

1. 25 m 钢轨采用专用货物转向架两平车跨装方式，两平车地板面高度差超过 20 mm 时，必须垫平，可不安装车钩缓冲停止器。遇有涂打“㊵”的平车，允许放下端侧板进行装运，提钩杆和放下的端侧板要捆紧锁牢。

2. 普通平车装运长钢轨(含道岔轨)应遵守下列规定：

(1)使用长钢轨专用座架多车负重装载。根据长钢轨规格，选用一定数量合适车地板长和标重的木地板平车。相邻车辆上的座架底面高度(相对轨面)应相等，如高度不等超过规定限度时，需要垫平。

(2)长钢轨使用专用座架分层装载。

(3)长钢轨沿车辆纵向对称装载，正向摆放，相同长度的长钢轨端部应尽量对齐，因技术原因不能对齐时，则端部长短差不得大于200 mm。

(4)短尺长钢轨与定尺长钢轨混装时，应横向靠内侧、沿车辆纵中心线对称装载。必要时，应采取配重措施。

(5)不同型号的道岔轨混装时，同层钢轨型号必须相同，且较重型号钢轨应自下而上从底层装起。

(6)长钢轨采用横向整层紧固方式进行固定，每一层钢轨装载完毕后，在该层锁定座架处使用对应型号紧固装置将本层钢轨紧固并与座架固定为一体。

(7)各型号专用座架和紧固装置不得混合使用。

(8)专用座架每层隔梁装后应锁定。

(9)每个锁定座架应捆绑加固在车侧丁字铁或支柱槽上。

(10)长钢轨车组车辆间不得使用车钩缓冲停止器，同时要对提钩杆和折角塞门进行捆绑固定。重车车组中涂打"㊀"的平车，允许放下端侧板进行装运。

(11)专用车组固定循环运输长钢轨、专用座架原车回送时，座架在平车上保持原位置及加固方式不变，紧固装置和隔梁应采取有效措施固定。

(12)重车车组禁止通过驼峰和溜放。

(五)轮式、履带式货物

1. 轮式、履带式货物应使用木地板平车装载(专用货车装运时除外)，其本身有制动装置的，装车后应制动，门窗闭锁并将变速手柄放在初速位置(运输轿车时，挡位放在空挡或P挡上），制动手柄或拉杆应处于制动位置。

其装载方法如下：

（1）顺装时，相邻两辆间距不小于100 mm。

（2）横装时，相邻两辆应头尾颠倒，间距不小于50 mm。

（3）跨装在两平车上的汽车，其头部与前辆汽车的尾部间距不小于350 mm，如图2-2-3所示。

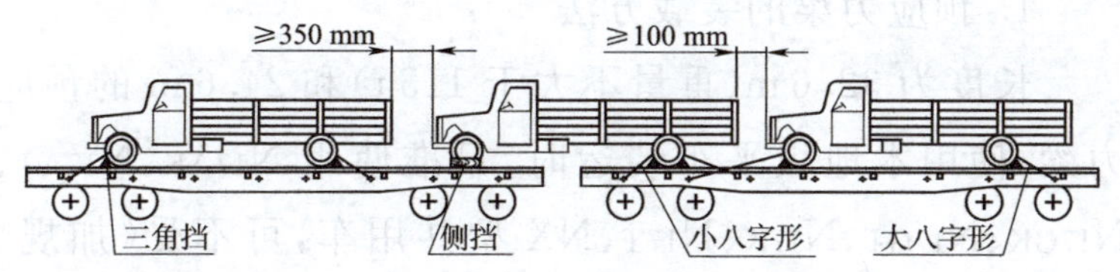

图 2-2-3　装载方法(1)

（4）爬装汽车方法如图2-2-4所示。

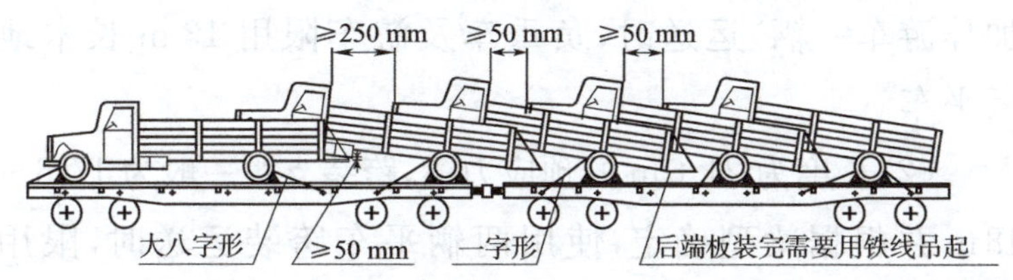

图 2-2-4　装载方法(2)

（5）无车厢的汽车爬装时，应将第二辆及其后各辆的前轮依次放在前辆的后轮上对齐，如图2-2-5所示。

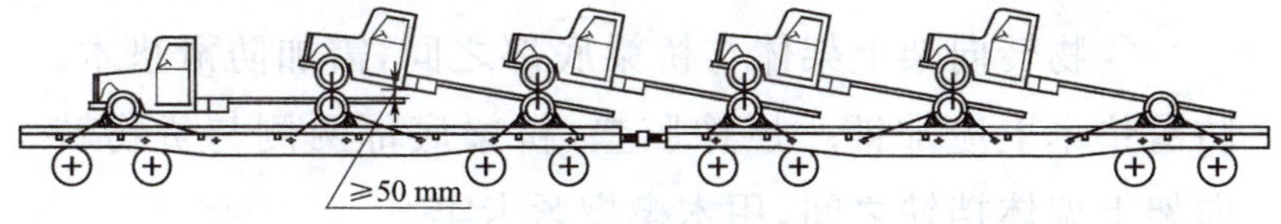

图 2-2-5　装载方法(3)

2. 易于旋转或有门窗等活动部位的货物装车时，托运人应将旋转和活动部位锁闭固牢；锁闭装置失效的，应采取有效的加固措施。货物自带的苫布、防护衣、伪装网及其捆绑绳索质量不良的，在由托运人改善并符合要求后方可办理运输。

（六）预应力梁

1. 预应力梁的装载方法

长度为 32.6 m（重量不大于 115 t）和 24.6 m 的预应力梁，使用木地板平车装运时，只准使用 N_{17AK}、N_{17AT}、N_{17GK}、N_{17GT}、N_{17K}、N_{17T}、NX 型共用车，可不受《加规》表 2-3 的限制。

（1）长度为 32.6 m 的预应力梁，跨装支距一般为 27～28 m 并根据梁型确定，使用两辆平车负重跨装（中间加挂游车一辆）运送时，负重车及游车限用 13 m 长木地板平车。

（2）长度为 24.6 m 的预应力梁，跨装支距一般为 17.6～18 m 并根据梁型确定，使用两辆平车跨装运送时，限用 NX_{17B}、NX_{17BH}、NX_{17BK}、NX_{17BT}、NX_{70}、NX_{70H} 型共用车。

2. 预应力梁的加固方法

（1）货物转向架下架体每端用 8 号镀锌铁线、盘条或钢丝绳拉牵成八字形，捆绑在车侧丁字铁或支柱槽上。

货物转向架上架体与桥梁底部之间，需加防滑垫木。防滑垫木上应加铺一层橡胶垫，桥梁底部两侧与货物转向架上架体挡铁之间，用木楔楔紧卡牢。

（2）在货物转向架上架体预应力梁的两侧，分别使用斜支撑进行加固。斜支撑顶部与预应力梁体必须密贴顶牢，并用8号镀锌铁线或盘条将斜支撑与转向架上架体捆牢。

(3)横向位移不超过20mm，长度为32.6m梁的纵向窜动不超过250mm、长度为24.6m及以下梁的纵向窜动不超过150mm时，可以继续运行。

(4)斜支撑产生纵向倾斜时，必须进行整理。

第三节 常用装载加固材料及装置

一、常用装载加固材料

加固材料根据用途分为拉牵捆绑材料，衬垫材料，掩、挡类材料及其他材料等。

(一)拉牵捆绑材料

拉牵捆绑材料有镀锌铁线、盘条、钢丝绳和钢丝绳夹、固定捆绑铁索、绳索、螺旋式紧线器、84型紧固器、腰箍、木材捆绑紧固器、钢丝绳紧固器、敞车加固环等。

1. 镀锌铁线

(1)主要性能指标

①镀锌铁线的质量应符合国家标准GB/T 343《一般用途低碳钢丝》的要求。

②镀锌铁线的破断拉力应以产品标签上的数据为准，许用拉力取其破断拉力的1/2。常用镀锌铁线的破断拉力和许用拉力见表2-3-1。

表 2-3-1 常用镀锌铁线的破断拉力和许用拉力

线 号	6	7	8	9	10	11	12
直径/mm	5.0	4.5	4.0	3.5	3.2	2.9	2.6
破断拉力/kN	6.7	5.4	4.3	3.29	2.75	2.26	1.82
许用拉力/kN	3.35	2.7	2.15	1.64	1.37	1.13	0.91

(2)使用方法

①使用镀锌铁线拉牵加固的方式主要有:八字形、倒八字形、交叉、又字形或反又字形等。各种拉牵方式可单独使用,也可两种或两种以上组合使用。拉牵应尽可能对称。

②拉牵加固时,将单股或双股镀锌铁线在货物和车辆的两拴结点间往返缠绕,并应拽紧镀锌铁线使各股松紧度尽量一致,剩余部分穿插缠绕于自身绳杆后,使用绞棍绞紧,余尾朝向车内。

③应合理选择货物上的拉牵位置。用于防止货物水平移动时,拉牵位置应尽量低些;用于防止货物倾覆时,拉牵位置可适当高些。

(3)注意事项

①拉牵用镀锌铁线直径不得小于4 mm,捆绑用镀锌铁线直径不得小于2.6 mm。

②镀锌铁线不得用作腰箍下压式加固,一般不用作整体捆绑。

③绞紧时不得损伤镀锌铁线。

④禁止使用两股以上镀锌铁线一次性缠绕的操作

方法。

⑤禁止使用受损、使用过的镀锌铁线。

2. 盘条

(1)主要性能指标

①盘条的质量应符合国家标准 GB/T 701《低碳钢热轧圆盘条》的要求。

②常用盘条公称直径为:5.5 mm、6.0 mm、6.5 mm。

③盘条的破断拉力应以产品标签上的数据为准,许用拉力取其破断拉力的 1/2。常用盘条的破断拉力和许用拉力见表 2-3-2。

表 2-3-2　常用盘条的破断拉力和许用拉力

直径/mm	5.5	6	6.5
破断拉力/kN	7.96	9.47	11.12
许用拉力/kN	3.98	4.73	5.56

(2)使用方法

①使用盘条拉牵加固的方式主要有:八字形、倒八字形、交叉、又字形或反又字形等。各种拉牵方式可单独使用,也可两种或两种以上组合使用。拉牵应尽可能对称。

②拉牵加固时,将单股或双股盘条在货物和车辆的两拴结点间往返缠绕,并应拽紧盘条使各股松紧度尽量一致,剩余部分穿插缠绕于自身绳杆后,使用绞棍绞紧,余尾朝向车内。

③应合理选择货物上的拉牵位置。用于防止货物水

平移动时，拉牵位置应尽量低些；用于防止货物倾覆时，拉牵位置可适当高些。

④盘条还可用于整体捆绑。

(3)注意事项

①禁止使用受损、使用过的和表面有裂纹、折叠、结疤、耳子、分层、夹杂的盘条。

②绞紧时不得损伤盘条。

③拉牵时，禁止盘条两端头相互搭接缠绕。

④盘条不得用作腰箍下压式加固。

3. 钢丝绳和钢丝绳夹

(1)主要性能指标

①钢丝绳和钢丝绳夹的质量应分别符合国家标准 GB/T 20118《一般用途钢丝绳》和 GB/T 5976《钢丝绳夹》的要求。

②实际使用时，钢丝绳的破断拉力应以产品标签上的数据为准，许用拉力取其破断拉力的 1/2。

③钢丝绳的型号规格较多，为便于现场掌握和操作，本规则以上述标准中公称抗拉强度 1 670 N/mm² 的 6×19(b)(1+6+12)型钢丝绳为例，列出常用钢丝绳直径及其相应的最小破断拉力和许用拉力。

(2)使用方法

①使用钢丝绳拉牵加固的方式主要有：八字形、倒八字形、交叉、又字形或反又字形等。各种拉牵方式可单独使用，也可两种或两种以上组合使用。拉牵应尽可能对称。

②应合理选择货物上的拉牵位置。用于防止货物水平移动时，拉牵位置应尽量低些；用于防止货物倾覆时，拉牵位置可适当高些。

③拉牵加固时，将钢丝绳穿过紧线器或绕过拴结点后，绳头折回与主绳并列，使用与之匹配的钢丝绳夹固定。

④钢丝绳还可用于腰箍下压式加固和整体捆绑。

⑤固定单股钢丝绳端头时，使用钢丝绳夹的数量不得少于 3 个，并按图 2-3-1(a)所示进行布置；两根钢丝绳搭接时，并列绳头应拉紧，用不少于 4 个钢丝绳夹正反扣装并紧固，如图 2-3-1(b)所示。钢丝绳夹间的距离 A 等于 6～7 倍钢丝绳直径，绳头余尾长度宜控制在 100～300 mm 间。

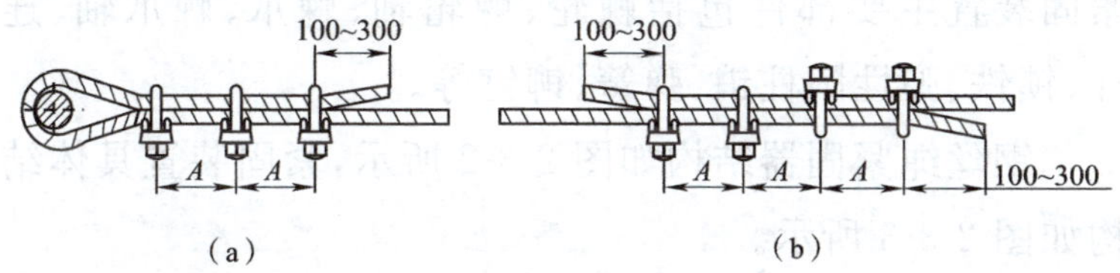

图 2-3-1　钢丝绳夹使用示意(单位：mm)

⑥应先紧固离拴结点最近的钢丝绳夹。

⑦加固时钢丝绳应松紧适度。

⑧钢丝绳夹的夹座必须扣装在主绳一侧。

(3)注意事项

①禁止使用受损的钢丝绳。

②禁止使用吊车吊钩张紧钢丝绳。

③紧线器与钢丝绳串联使用时，其抗拉强度应与钢丝绳匹配。

④钢丝绳夹的夹座表面应光滑平整，无尖棱和冒口，不得有降低强度和有损外观的缺陷（如气孔、裂痕、疏松、夹砂、铸疤、起磷、错箱等）。

⑤夹座的绳槽表面应与钢丝绳的表面和捻向吻合；U 形螺栓杆部表面不允许有过烧裂纹、凹痕、斑疤、条痕、氧化皮和浮锈。

⑥螺纹表面不许有碰伤、毛刺、双牙尖、划痕、裂缝和丝扣不完整。

4. 常用钢丝绳紧固器

(1)主要性能指标

钢丝绳紧固器由钢丝绳和紧固装置组合而成，其中紧固装置主要部件包括棘轮、棘轮轴、棘爪、棘爪轴、连杆、锁铁、弹性圆柱销、弹簧、铆钉等。

钢丝绳紧固器结构如图 2-3-2 所示，紧固装置具体结构如图 2-3-3 所示。

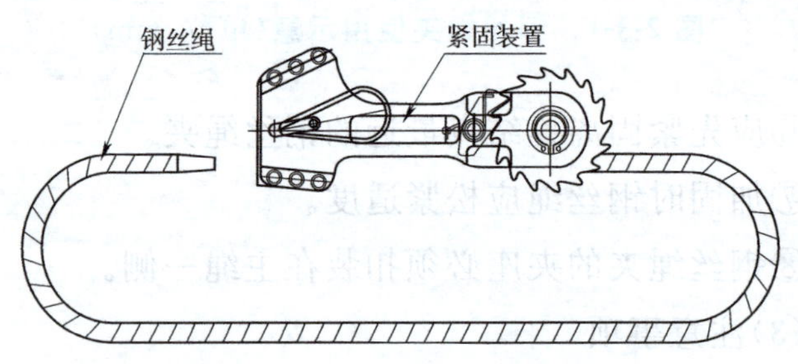

图 2-3-2 钢丝绳紧固器结构

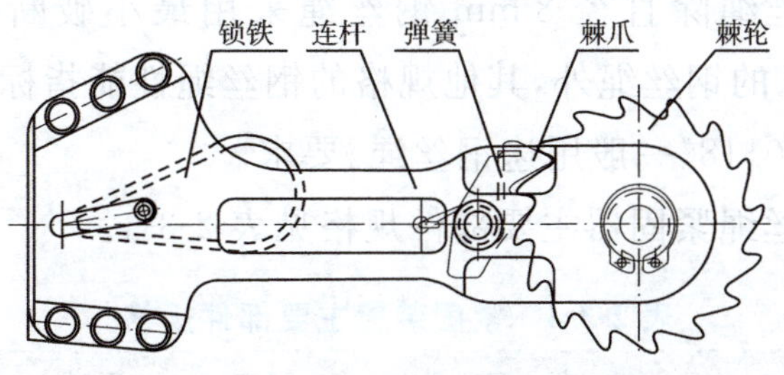

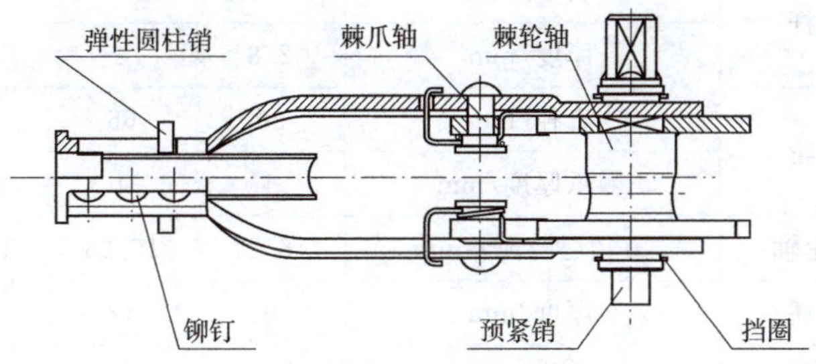

图 2-3-3　紧固装置结构

钢丝绳紧固器的许用拉力见表 2-3-3。

表 2-3-3　钢丝绳紧固器许用拉力

钢丝绳紧固器组成部件规格		最小破断拉力和许用拉力	
钢丝绳直径/mm	紧固装置型号	最小破断拉力/kN	许用拉力/kN
8	A	29.33	14.66
9	B	35.36	17.68
9.3	B	38.76	19.38
10	B	43.61	21.80
11	C	52.70	26.35
12	C	62.73	31.36

钢丝绳除直径 8 mm 钢丝绳采用最小破断拉力为 34.5 kN 的钢丝绳外，其他规格的钢丝绳性能指标应符合 GB/T 20118《一般用途钢丝绳》要求。

钢丝绳紧固器主要部件规格见表 2-3-4。

表 2-3-4　紧固装置主要部件规格

部件名称	项　目	A 型	B 型	C 型
连杆	长度/mm	150	181	208
	厚度/mm	2.8	4	4.5
棘轮	直径/mm	56	66	76
	棘爪厚度/mm	4	4	6
棘轮轴	直径(外/内)/mm	16/24	16/26	18/28
锁铁	厚度/mm	9	12	14
铆钉	规格/mm	6×12	7×17	8×19
	数量/个	6	6	6
弹簧丝直径/mm		1.2	1.4	1.4
紧固装置最小破断拉力/kN		34.5	52.5	74.5

(2)使用方法

①兜头拉牵时，将钢丝绳两端分别套在(或绕过)车辆两侧相对应的丁字铁上；直接拉牵货物时，将钢丝绳两端分别套在(或绕过)货物拴结点和车辆的丁字铁上。然后将钢丝绳端头穿入紧固器锁铁处楔形套的直孔侧内，绕过锁铁从另一侧斜孔穿出并初步拉紧。

②用专用扳手转动紧固装置的棘轮轴将钢丝绳拉紧。

③钢丝绳绕棘轮轴缠绕的周数不少于 3 周。

④钢丝绳紧固器紧固后，钢丝绳应松紧适度，紧固装置两端的钢丝绳与货物或车辆的接触点之间的距离不小于 200 mm，紧固装置不得与货物和车辆直接接触；同时要确保钢丝绳套在锁铁的凹槽内。

⑤在钢丝绳拴结点及钢丝绳与货物或车辆各棱角接触处必须采取有效的防磨、防割措施。

(二)衬垫材料

衬垫材料有垫木和隔木、条形草支垫、稻草绳把、稻草垫、橡胶垫、复合材料垫木、隔木、底托等。

1. 垫木和隔木

(1)主要性能指标

①横垫木和隔木的长度一般不应小于货物装载宽度，但不大于车辆的宽度。

②垫木的宽度不得小于高度。

(2)使用方法

①横垫木应置于车地板与货物间。避免集重装载时，其安放位置应满足《加规》有关要求。

②一车负重装载超长货物时，横垫木的最小高度应根据《加规》附件 2 公式计算确定。

③货物分层装载时，可在层间铺垫隔木。

2. 条形草支垫

(1)主要性能指标

条形草支垫的质量应满足铁道行业标准 TB/T 3079.2《条形草支垫》的要求。

(2)使用方法

条形草支垫用于支承货物并起防滑作用,既可置于车地板之上,也可置于货物层间。同层货物下衬垫的条形草支垫规格应相同。

(3)注意事项

①禁止使用腐烂变质稻草或有伤痕、锈蚀的镀锌铁线制作的条形草支垫。

②避免集重装载时,条形草支垫在车地板上的铺垫位置应满足《加规》有关要求。

③严格控制货物装车时的温度,以防条形草支垫焦煳、燃烧造成失效。

3. 稻草绳把

(1)主要性能指标

①常用稻草绳把规格:直径为ϕ(110～120) mm,长度为 1 450 mm。

②单根稻草绳把允许承载 150 kN,且压实后高度不得小于 40 mm。

(2)使用方法

①稻草绳把用于支承货物并起防滑作用,既可置于车地板之上,也可置于货物层间。同层货物下衬垫的稻草绳把规格应相同。

②稻草绳把的长度可根据实际需要确定,装车后每端露出货物边缘不小于 100 mm(货物装载宽度与货车内宽接近时除外)。

③稻草绳把的规格,如不能适应所装货物需要,应在

具体装载加固方案中明确。

(3)注意事项

①禁止使用腐烂变质的稻草或有伤痕、锈蚀的镀锌铁线制作的稻草绳把。

②避免集重装载时，稻草绳把在车地板上的铺垫位置应满足《加规》有关要求。

③严格控制货物的装车温度，以防稻草绳把焦煳、燃烧造成失效。

4. 稻草垫

(1)主要性能指标

稻草垫厚度不得小于 30 mm，压实后不得小于 10 mm。

(2)使用方法

①稻草垫一般铺垫于货物与车地板间或货物层间用作防滑衬垫材料。

②铺垫稻草垫时，其露出货物边缘四周的裕量不得小于 100 mm(货物装载宽度与货车内宽接近时除外)。

(3)注意事项

①禁止使用腐烂变质稻草制作的稻草垫。

②严格控制货物装车时的温度，以防稻草垫焦煳、燃烧造成失效。

5. 橡胶垫

(1)主要性能指标

①用作衬垫的橡胶垫，要求抗压强度高，硬度适中。

②用作防磨的橡胶垫，要求抗拉强度高。

③橡胶垫的尺寸可根据实际情况确定。

(2)使用方法

①橡胶垫用作衬垫、防滑材料时,一般置于货物与车地板间或货物层间。

②橡胶垫用作防磨材料时,置于拉牵加固材料与货物、车辆棱角接触处。

③橡胶垫作为缓冲材料,一般置于货物与阻挡加固材料间。

(3)注意事项

①橡胶垫在安放、使用过程中,应避免与油脂等油类物质以及其他对橡胶有害的物质接触。

②橡胶垫不得使用再生橡胶制作。

6. 复合材料垫木、隔木、底托

(1)主要性能指标

复合材料垫木、隔木、底托主要性能指标见表 2-3-5。

表 2-3-5　复合材料垫木、隔木、底托主要性能指标

	Ⅰ型	Ⅱ型
制作要求	粉碎处理的木材边角料及农作物茎秆与一定规格的竹材混合,加胶热压成型	竹材和木质纤维加胶结剂热压成型
抗压强度/MPa	≥44	≥31.3
抗弯强度/MPa	≥26	≥12
与钢板摩擦系数	≥0.4	≥0.4
含水率/%	5.0～11.0	5.0～15.0
吸水率/%	<15.0	≤18.0
吸水后膨胀率/%	<5.0	≤5.0

常用复合材料垫木、隔木、底托规格参见表 2-3-6。

表 2-3-6　常用复合材料垫木、隔木、底托规格

单位：mm

材料	Ⅰ型		Ⅱ型	
	宽度	厚度	宽度	厚度
垫木	200	70	⩾120	⩾80
	80	65		
隔木	60	30	60±3	30+5
			100±3	60+5
			80±3	80+5

注：①盒装钢板用复合材料底托的规格，由装车铁路局集团公司根据盒装钢板的规格和重量确定。

②复合材料垫木、隔木、底托长度不小于货物的装载宽度，但不大于车辆的宽度。

(2)使用方法

使用复合材料垫木、隔木的装载加固方法比照《加规》和有关规定执行。

(三)掩、挡类材料

掩、挡类材料有支柱，挡木、钢挡，锅炉挡铁，掩挡(三角挡、掩木、方木、凹木)，铁泥塑料挡，围挡及挡板(壁)，凹形草支垫及钢护板，凹形玉米秸秆支垫，敞车用稻草掩挡及附属加固材料，平车用稻草掩挡及附属加固材料，大型钢锭用草挡及附属加固材料等。

1. 支柱

(1)主要性能指标

支柱一般分为木支柱、钢管支柱和竹支柱三种。

(2)使用方法

①敞车使用木、竹支柱时必须倒插。

②木支柱外插时应将其大头加工成四方形，紧插在支柱槽内，并适当露出支柱槽下，露出的长度不得超过200 mm。

③钢管支柱外插使用时，其插入端应焊有挡铁。钢管支柱也可用 8 kg/m 以上的轻轨代替。

④竹支柱仅限装运竹子及轻浮货物时使用。

⑤使用敞车装载木材、竹子时，支柱的使用数量按《加规》有关规定办理。

(3)注意事项

①安插支柱不得超限。

②支柱折断时必须更换。

③使用平车时，不得使用竹支柱，木支柱不得倒插。

④用桦木作支柱必须剥皮或蹚平。

2. 挡木、钢挡

(1)主要性能指标

①挡木的宽度与高度应相等，常用规格（长×宽×高）为 400 mm×100 mm×100 mm。

②钢挡的结构、尺寸可根据实际使用需要确定。

(2)使用方法

①装载平支承面货物时，可以在货物两端和两侧加挡木或钢挡，如图 2-3-4 所示。

②挡木、钢挡一般采用钉固或螺栓连接的方式固定，钢挡还可通过直接焊接的方式固定。

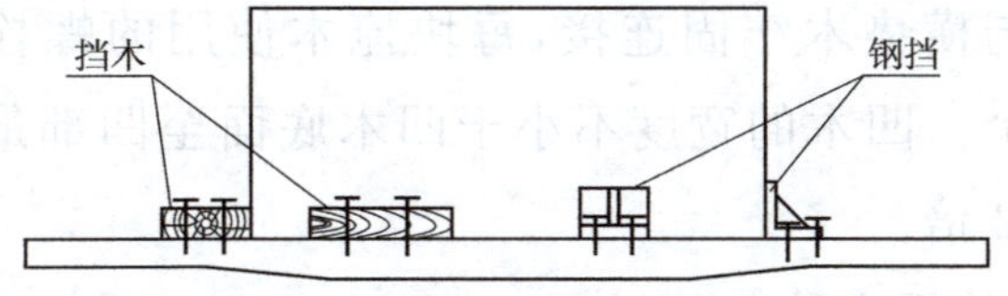

图 2-3-4　挡木、钢挡与车地板钉固

③固定挡木或钢挡的圆钢钉应垂直钉进，圆钢钉的长度应接近于将车地板钉穿。

(3)注意事项

①为防止挡木或钢挡受力后翻倒，挡木或钢挡不宜过高。

②挡木不得拼接。

3. 掩挡(三角挡、掩木、方木、凹木)

(1)主要性能指标

①单独使用时，三角挡、掩木的有效高度和凹木的凹部深度按《加规》附件 2 公式计算确定；配合其他加固方法使用时，高度(深度)可适当降低。三角挡的底宽不得小于高度的 1.5 倍，其高度经计算不足 100 mm 时，按 100 mm 取用。

②常用方木的规格(长×宽×高)为 500 mm×200 mm×160 mm。

(2)制作要求

①木制三角挡应选用无节、无裂纹、无虫眼的一级木材制作，掩木、方木、凹木应用坚实的二级及以上木材制作。

②凹木可用坚实的横垫木与掩木配合制作，必要时，掩木的斜面应尽可能按被掩圆柱体半径制作成弧面，并

用螺栓与横垫木牢固连接，每块掩木使用的螺栓数不得少于 2 个。凹木的宽度不小于凹木底面至凹部最低点高度的 1.2 倍。

(3)使用方法

①加固圆柱形货物及轮式货物时，可使用三角挡或掩木、方木、凹木等加固材料，其规格应根据货物的重量、直径(或轮径)等确定。

②掩挡与车地板或垫木的连接强度必须足以防止其自身移动或倾覆。

③使用三角挡或掩木掩挡轮式货物时，其一侧斜面应与货物贴实，底面与车地板接触处应平整。

(4)注意事项

禁止使用有断痕、裂纹及腐朽木材制作的掩挡。

4. 铁泥塑料挡

(1)主要性能指标

①铁泥塑料挡分为铁塑轮挡、铁塑三角挡和铁塑侧挡三种。

②铁泥塑料挡的质量应符合铁道行业标准 TB/T 3079.3《铁泥塑料挡》的要求。

③单独使用时，铁塑轮挡和铁塑三角挡的有效高度按《加规》附件 2 公式计算确定。

④常用铁塑轮挡结构如图 2-3-5 所示，其型号及适用的轮径或圆柱形货物直径以及具体型号尺寸见表 2-3-7～表 2-3-9。加固轮式货物或圆柱形货物时，以下常用铁塑轮挡应配合其他加固方法同时使用。

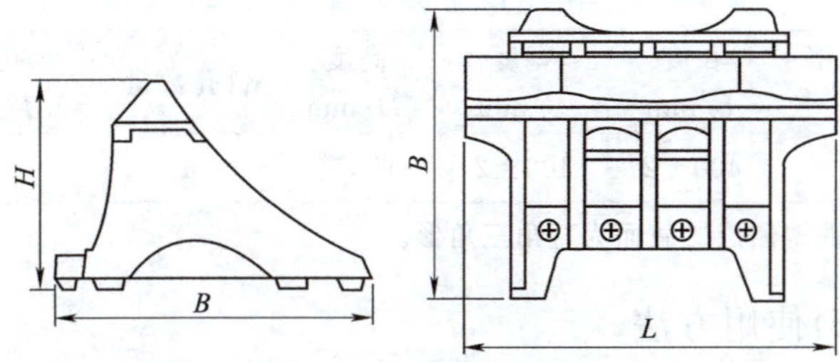

图 2-3-5　常用铁塑轮挡结构

表 2-3-7　常用铁塑轮挡型号、尺寸与公差及适用的轮径

铁塑轮挡型号	长度 L/mm	宽度 B/mm	高度 H/mm	钉孔数量	孔径 ϕ/mm	适用轮径/mm
LD-740	168±2	212±2	112^{+2}_{0}	2	7	≤740
LD-840	152±2	192±2	127^{+2}_{0}	2	7	≤840
LD-1060	213±2	290±2	160^{+2}_{0}	2	7	≤1 060
LS-1060	200±2	240±2	160^{+2}_{0}	2	7	≤1 060
LD-1100	350±3	255±3	170^{+2}_{0}	4	7	≤1 100
LS-1100	350±3	255±3	170^{+2}_{0}	4	7	≤1 100
LD-1500	410±3	350±2	230^{+2}_{0}	3	9	≤1 500
LD-1780	460±3	405±2	270^{+2}_{0}	3	10	≤1 780

注:LD 表示只能单面使用轮挡,LS 表示可双面使用轮挡。

表 2-3-8　常用铁塑三角挡型号、尺寸与公差及适用的轮径

铁塑三角挡型号	长度 L/mm	宽度 B/mm	高度 H/mm	钉孔数量	孔径 ϕ/mm	适用轮径或圆柱体直径/mm
S-1200	350±3	270±3	180^{+2}_{0}	4	7	≤1 200
S-1500	410±2	350±2	230^{+2}_{0}	6	9	≤1 500
S-1650	410±2	375±2	250^{+2}_{0}	6	9	≤1 650

表 2-3-9 常用铁塑侧挡型号及尺寸公差

铁塑侧挡型号	长度 L/mm	宽度 B/mm	高度 H/mm	钉孔数量	孔径 ϕ/mm
C	400±2	100±2	100^{+2}_{0}	4	7

注:铁塑侧挡的截面为直角三角形。

(2)使用方法

①铁塑轮挡与货物的接触面为弧面,分为单弧面和双弧面两种,可掩挡轮式货物。

②铁塑三角挡与货物的接触面为平面,可掩挡轮式货物和圆柱形货物。

③跨及两平车的汽车应在其前轮外侧或内侧 50 mm 处钉固侧挡。

④为了便于操作,铁泥塑料挡可配合 ϕ6 mm×110 mm 双帽专用圆钢钉使用。

(3)注意事项

禁止使用表面凹凸不光滑、有毛刺、有裂纹的铁泥塑料挡。

(四)其他材料

其他材料有绳网、绞棍、圆钢钉、扒锔钉、U 形钉、U 形夹、钢板夹等。

1. 绳网

(1)主要性能指标

①绳网主要由网筋、围筋和系绳组成,根据使用特点,绳网分为上封式绳网和下捆式绳网两种。

②上封式绳网的质量应符合铁道行业标准 TB/T

3079.4《上封式绳网》的要求。

③制作绳网的网绳可采用优质棕、熟麻、丙纶等材料。

④一张绳网上同种构件的材质、规格和制作方法应一致，绳网结点应编织牢固，网眼为正方形或菱形。

⑤绳网端部系绳应均匀分布。上封式绳网两侧系绳交叉分布，下捆式绳网两侧系绳对称布置。A(C)型上封式绳网中心网的纵横向网筋均匀分布，中心网位于绳网的中心位置。

⑥上封式、下捆式绳网的系绳、内外围筋和中心网的纵横向网筋的破断拉力不小于 2.94 kN，伸长率不大于 15％；网筋的破断拉力不小于 1.0 kN，80％破断拉力时的伸长率不大于 15％。

上封式绳网结构如图 2-3-6～图 2-3-9 所示，下捆式绳网如图 2-3-10 所示。

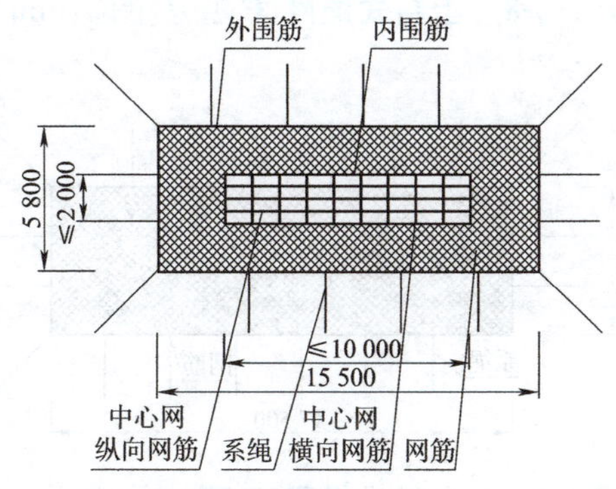

图 2-3-6　上封式绳网(A 型)(单位:mm)

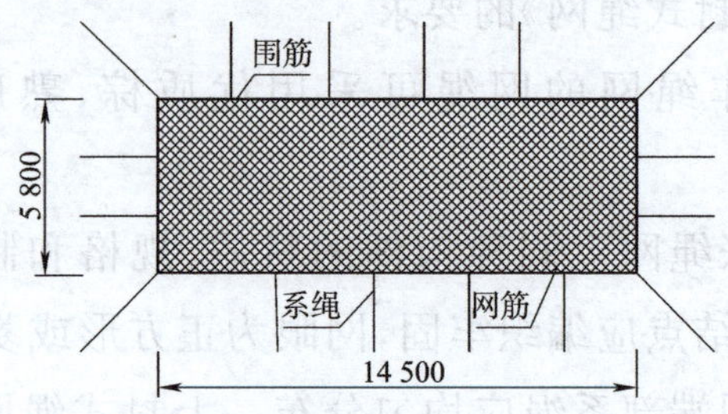

图 2-3-7 上封式绳网(B 型)(单位:mm)

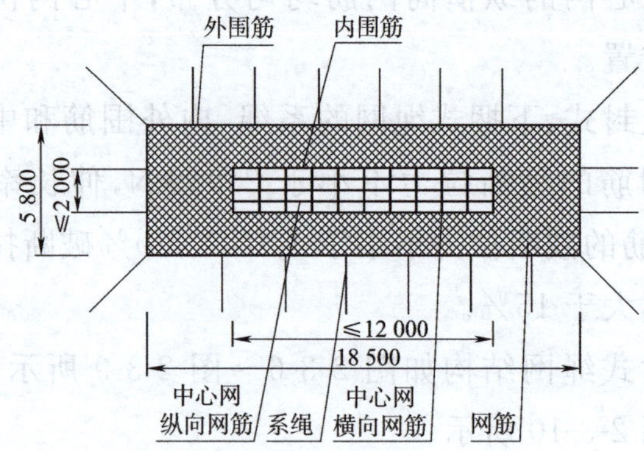

图 2-3-8 上封式绳网(C 型)(单位:mm)

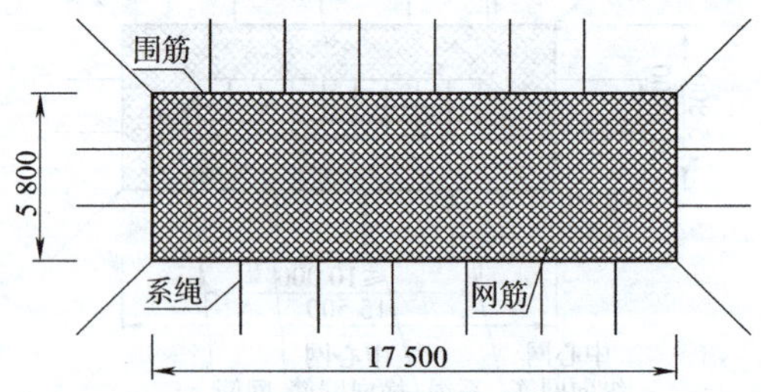

图 2-3-9 上封式绳网(D 型)(单位:mm)

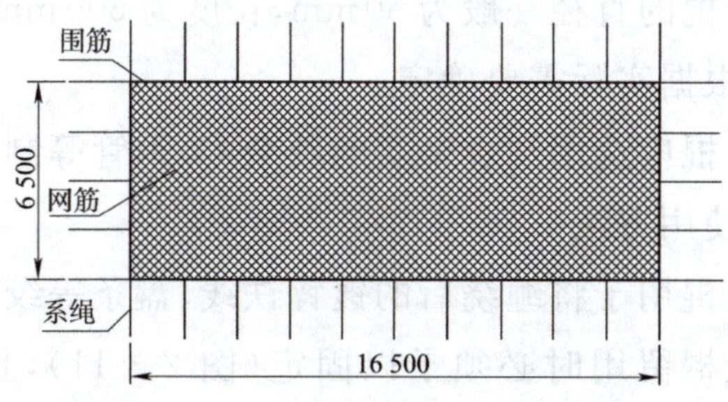

图 2-3-10 下捆式绳网(单位:mm)

(2)使用方法

①绳网一般用于加固起脊装运的成件包装货物或袋装货物。

②上封式绳网使用时,需预埋在未超出敞车端侧墙的货物下,继续装载货物至规定的层数,向上翻起绳网,拉紧系绳,将起脊货物通过绳网上的系绳捆绑成一体。

③下捆式绳网通常用于加固空铁桶。当空铁桶起脊装载至规定的高度后,先按要求捆绑绳索,然后苫盖下捆式绳网,拉紧系绳并将其捆绑拴结在敞车下门挂钩或丁字铁上。

(3)注意事项

①绳网的系绳必须拉紧拴牢。

②禁止使用腐烂、腐蚀及再生材料制作的绳网。

③绳网的系绳不得拴结在制动杆或提钩杆上。

④同一张绳网上的同种构件不应有断筋、变形及有碍使用的编织缺陷。

2. 绞棍

(1)主要性能指标

①绞棍的直径一般为 50 mm，长度为 600 mm，操作困难时，可根据实际需要确定。

②绞棍应选用圆直坚实的硬杂木、钢管等制作。

(2)使用方法

①绞棍用于将缠绕后的镀锌铁线、盘条等绞紧。

②绞棍留用时必须予以固定(图 2-3-11)，且不得超限；绞棍不留用时可采取防松措施。

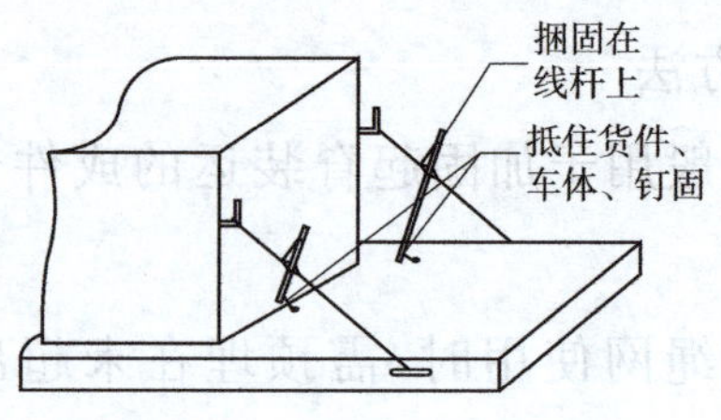

图 2-3-11　绞棍的固定示意

(3)注意事项

绞棍绞拧不宜过紧和过松，不得损伤拉牵捆绑线。

3. 圆钢钉

(1)主要性能指标

圆钢钉的质量应符合冶金行业标准 YB/T 5002《一般用途圆钢钉》的要求。加固用圆钢钉一般直径不小于 5 mm，常用圆钢钉的规格尺寸见表 2-3-10。

表 2-3-10　常用圆钢钉的规格尺寸　单位：mm

直径	5	5.5	6	6.5
长度	100～130	120～175	150～200	160～220

(2)使用方法

①圆钢钉应交错布置、垂直钉入,并应避开车地板的缝隙或木板裂纹。

②圆钢钉的长度必须保证能够接近于将车地板钉穿。

(3)注意事项

禁止使用锈蚀、无钉尖的圆钢钉。

4. 扒锔钉

(1)主要性能指标

扒锔钉常用圆钢或螺纹钢制作。常用扒锔钉规格(长×直径×钉脚长度):200 mm×10 mm×(50~60)mm。

(2)使用方法

①扒锔钉用于钉固三角挡、挡木、垫木、轮挡等加固材料。

②钉固扒锔钉时,应上下、左右均匀敲打,逐步推进,使加固材料与货物、车地板贴实贴紧。

(3)注意事项

①钉固扒锔钉时,应避免钉在木质加固材料同一横纹上,同时避开车地板的缝隙或木板裂纹。

②扒锔钉应钉固成八字形,以增强其稳定性。

5. U 形钉

(1)主要性能指标

常用规格尺寸:$d\times L$ 为(2.5~4.0) mm×(30~60) mm,钉肩宽 B 为 15~35 mm,钉尖角不大于 30°。具体结构尺寸也可根据实际需要确定,U 形钉的结构如图 2-3-12 所示。

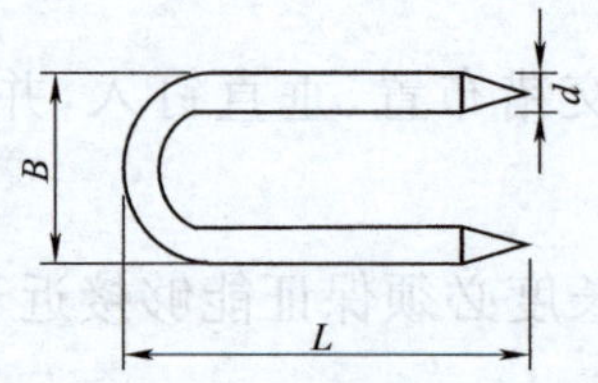

图 2-3-12　U 形钉结构示意

(2)使用方法

将 U 形钉骑跨在整体捆绑线(封顶线、腰线、拦护线等)上,并钉固在木材或木质加固材料上。

(3)注意事项

①钉固时不得损伤加固线。

②禁止使用锈蚀、无钉尖的 U 形钉。

6. U 形夹

(1)主要性能指标

U 形夹结构示意如图 2-3-13 所示。

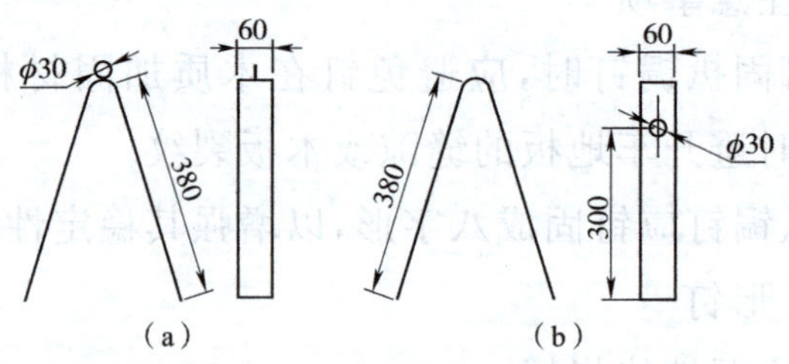

图 2-3-13　U 形夹结构示意(单位:mm)

(2)使用方法

将 U 形夹开口端从货物端部插入至圆环(孔)位置,加固线穿过圆环(孔)紧固。

二、常用装载加固装置

常用装载加固装置有货物转向架、车钩缓冲停止器、钢支架、钢座架、木座架等。

(一)货物转向架

1. 货物转向架的基本技术要求

货物转向架每副两个,一个具有死心盘,中心销孔为一圆孔;另一个具有活心盘,中心销孔为一长孔。每个转向架由上架体和下架体组成。

(1)货物转向架的强度和刚度必须与其所承受的负荷相适应。

(2)货物转向架上架体必须备有能对货物实施加固的部件,下架体必须备有能与车体加固的部件。

(3)货物转向架组成后,上架体必须转动灵活,活心盘上架体还应纵向滑动灵活。

(4)活心盘中心销孔的长度系指长孔的两半圆圆心距。活心盘中心销孔一般情况下应开设在下架体上,其长度根据跨装车组是否使用车钩缓冲停止器和有无中间游车确定。

(5)货物转向架沿车地板横向长度一般不大于3 000 mm;当超过3 000 mm时,应保证不超限。

(6)货物转向架下架体支重面长度应符合《加规》的有关要求。

(7)货物转向架的高度应根据负重车的车型、跨装车组有无中间游车、货物超过转向架中心销外方的长度,以及货物底面是否有突出部分等因素计算确定。

(8)当货物转向架使用旁承时,应保证其具有良好的滑动性能;在负载情况下,两侧旁承游间之和不应大于10 mm,且任何一侧不得压死。

2. 货物转向架的编号

货物转向架用三段代码方式编号,由所属局名简称、类型及单架承载能力代码段,车组中间能否加挂游车代码段和顺序代码段组成,并在其中用短横杠相连。除单架承载能力代码段作为类型代码的下标外,其余代码均用相同字形、字号表示。

例如:北京局集团公司管内某托运单位,两车一组不加挂中间游车、单架承载能力30 t以下的普通货物转向架,其编号为:京 P_{30}-2-0123;三车一组中间加挂游车、单架承载能力30 t以上60 t以下的专用货物转向架,其编号为:京 Z_{60}-3-0223。

“京”为局名简称,“P”“Z”为普通和专用型货物转向架第一字的汉语拼音首字;下标“30”“60”为单架承载能力;“2”“3”表示负重车间能否加挂中间游车;“0123”“0223”为顺序编码。

3. 货物转向架的使用

转向架根据其活心盘孔的长度和是否加挂中间游车分为两种:两车一组跨装货物、不加挂中间游车为一种;三车一组跨装货物、加挂中间游车为一种。

两车一组跨装货物时,活心盘中心销定位于活心盘孔的中央;三车一组跨装货物、中间加挂游车时,活心盘中心销置于活心盘孔内的位置，距中间游车一端（内侧）180 mm，距另一端（外侧）120 mm。活心盘孔在上架体上时则相反。

货物转向架编号应标打在转向架的明显部位。托运人在托运货物时，应在货物运单托运人记事栏内注明转向架编号。

每次维修后，应将转向架的变形、扭曲、锈蚀以及开焊部位等状况真实、完整地填记在转向架管理台账上。

4. 货物转向架的管理

（1）研制新型货物转向架应依据TB/T 2902《货物转向架》，并遵循设计合理、技术先进、使用安全、便捷的原则开展设计和试验工作。

（2）货物转向架关键结构有重大改变的比照研制新型货物转向架有关程序办理。

（3）新造或购置货物转向架前，需求提出单位应报装车铁路局集团公司批准。新造或购置的货物转向架在经技术检测合格并由装车铁路局集团公司编号后上路使用。

（4）货物转向架不得擅自租借使用，确因临时需要，须经装车铁路局集团公司批准。租借时，装车铁路局集团公司应掌握货物转向架使用说明书、货物转向架产权单位同意租借的书面证明、货物转向架产权单位所在铁路局集团公司提供的转向架编号有效文电、年检合格报告、近五年内的技术检测合格报告、转向架已使用次数或年限、租用时间等。必要时，装车铁路局集团公司在使用前可组织专业技术检测。

(5)对工程建设用架桥机等运输使用的货物转向架，跨局使用时应比照租借使用的管理要求。

(6)铁路局集团公司要加强对货物转向架运用情况的监督检查，督促在本局编号管理的转向架的产权单位，每12个月提报每个转向架的技术状态(外观、中心销轴探伤)检查合格报告，逾期未提报视为不合格。

每隔5年，铁路局集团公司督促产权单位对在用的转向架重新进行专业技术检测；铁路局集团公司可根据转向架的运用管理情况，缩短技术检测周期。

(7)铁路局集团公司、货运直属站段、装车站、使用单位应加强货物转向架使用、管理、维修、报废等管理，建立信息化台账及时更新。铁路局集团公司应把信息化台账管理纳入安全管理检查考核内容。

(8)凡有下列情况者，货物转向架必须报废：

货物转向架发生过事故、主要部件有严重裂纹补焊后短期内又开焊、锈蚀严重影响结构强度、扭曲变形严重、经过技术检测不符合 TB/T 2902 要求、达到设计报废年限或使用次数等。

(二)车钩缓冲停止器

1. 主要性能指标

(1)车钩缓冲停止器(图 2-3-14)由钢板和螺杆等部件组成，其钢板的厚度不得小于20 mm。

(2)连接螺杆的直径不得小于16 mm。

(3)置于冲击座和钩头背之间的钢板，在冲击座一侧，应制作成梯形或圆弧形（圆弧半径不大于100 mm），宽度（B）（最宽处）应小于冲击座至钩头背间距离的3～5 mm。

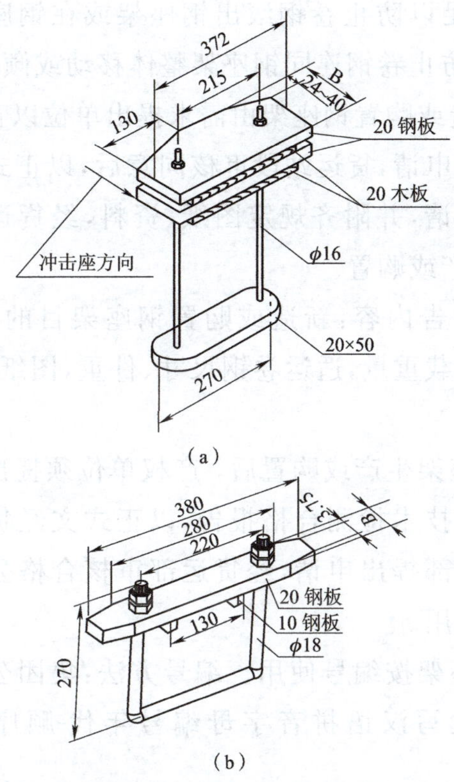

图 2-3-14　车钩缓冲停止器（单位：mm）

2. 使用方法

在车钩自然状态下，将车钩缓冲停止器安装在货车冲击座和车钩钩头背之间。

3. 注意事项

卸车后或回送前，应拆卸车钩缓冲停止器。

(三)卷钢座架

1. 根据卷钢的外形尺寸、件重、使用车辆等条件制作,其强度、规格、防滑性能满足货物运输安全要求,能与车体固定,足以防止卷钢滚出钢座架或在钢座架上横向移动,并可防止卷钢连同钢座架整体移动或倾覆。

2. 新造或购置钢座架由需求提出单位以正式文向货运站段提出申请,货运站段审核同意后,以正式文电向货运部提出申请,并附齐规定图纸、资料,经货运部审核同意,才能生产或购置。

申请报告内容:新造或购置钢座架目的,钢座架型号、数量、承载重量,适运卷钢尺寸、件重,图纸来源,生产单位等。

3. 钢座架生产或购置后,产权单位须提出技术检测机构出具的技术检测合格报告,以正式文经货运站段审核后向货运部提出申请,经货运部审核合格公布编号后方可上车使用。

4. 钢座架按编号使用。编号方法:集团公司简称钢座架首字大写汉语拼音字母编号年代-顺序号,如:广G2012-0001。

货运部以正式文电公布钢座架编号、产权单位和有效期。产权单位负责在钢座架两侧明显位置,用颜色对比鲜明的油漆印刷编号、产权单位和醒目的安全警示语“座架不得与卷钢同时起吊”,并标画钢座架中心线、装载位置刻度线。

5. 钢座架使用每满 3 年,产权单位须重新进行技术检测，检测合格的，由货运部以正式文电公布，准许按原编号在有效期内继续使用。产权单位在钢座架编号后用颜色对比鲜明的油漆印刷“××年检”（××为检测年份）字样。

6. 使用单位接收钢座架时，应对其进行认真检查，确保其质量良好，同时登记“卷钢钢座架接收检查、维修登记表”。

7. 装车前，使用单位应检查钢座架各焊缝是否开裂，架体是否变形，发现开焊、变形可能危及安全时，不得使用。

装车时，将钢座架吊放于卷钢装载加固方案要求摆放的位置，并使钢座架的卡挡槽与车辆侧柱加强座嵌套，卷钢末尾端头不能与钢座架直接接触。

装车后，对装载加固情况进行检查确认，确保符合方案规定，并在货票“记事”栏记明“钢座架编号××，回送××站”。

8. 严禁钢座架负重起吊。卸钢座架前须进行试吊，防止损坏车辆。

9. 卷钢卸车站需按货票记载回送站及时组织回送。回送装运钢座架时，严格按钢座架的装载加固方案装车。

10. 租用钢座架时，由使用单位提出申请，填写“卷钢钢座架租用申请表”，经货运部批准后才能使用。

申请内容包括：装车站、到站，装运货物品名、规格、数量，钢座架的名称、型号、数量、编号和检测证明材料，租用时间，产权单位等，并提供产权单位同意租借的证明材料。

11. 检查发现以下情况之一，必须维修钢座架：

(1)有一处焊缝开焊、架体变形超过 10 mm 或锈蚀超过 20 mm。

(2)钢座架卡挡不能和车辆侧柱加强座嵌套。

(3)编号不清晰无法辨认。

12. 检查发现以下情况之一的钢座架，严禁使用：

(1)编号后满十年。

(2)严重变形，不能修复，达不到设计图纸要求。

(3)支撑柱变形或开焊维修超过三次。

(四)长钢轨(含道岔轨)普通平车运输专用装载加固装置

1. 基本技术要求

长钢轨(含道岔轨)普通平车运输专用装载加固装置(以下简称专用装载加固装置)主要包括专用座架和紧固装置，其质量、性能和技术状态应满足设计和使用要求。

①座架强度应与其承载的钢轨重量相适应。

②座架结构应能保证长钢轨隔离分层和沿车辆纵向中心线对称装载，且座架和紧固装置应具有有效阻止长钢轨横向、纵向窜动的功能。

③座架应具有与货车加固的部件，紧固装置螺母应具有防松功能。

④紧固装置规格应满足对应轨型截面要求。

⑤座架应具有在运输过程中限制隔梁移动的功能，

保证不超限。

⑥座架各活动部件安装或转动应灵活顺畅，不应有卡滞现象。

⑦使用过程中，紧固螺栓不应有滑丝、脱扣、咬扣等螺纹损毁现象，螺栓不应有永久变形；紧固装置与轨头的接触面不应有永久挤压变形。

⑧座架在货车上的布置位置应满足货车承载要求。

2. 常用结构

①500 m 长钢轨专用装载加固装置

500 m 长钢轨专用装载加固装置包含座架、紧固装置和安全防护门。根据结构、功能和安装位置的不同，座架分为普通座架、锁定座架、端座架和次端座架。

a. 普通座架主要由方侧柱、圆侧柱、底梁、隔梁、隔梁栓、斜撑、插板、螺栓、螺母和方垫板等组成，其结构如图 2-3-15 所示。底梁和隔梁设置有中部支座、滚轮组、中轮组、侧轮组。隔梁固定在圆侧柱上，可围绕圆侧柱转动开

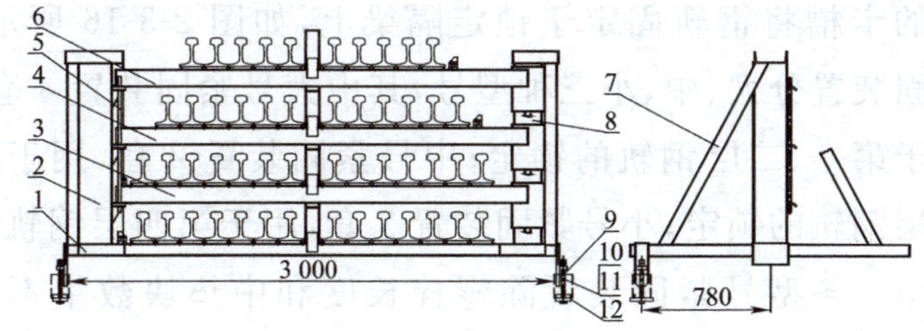

图 2-3-15　普通座架结构示意图(单位：mm)

1—底梁；2—方侧柱；3，4，6—隔梁；5—隔梁栓；7—斜撑；8—圆侧柱；9—插板；10—螺栓；11—螺母；12—方垫板

启和闭合，隔梁关闭后另一端由方侧柱支承板支承。隔梁栓用来锁定隔梁，防止隔梁与方侧柱脱离。插板用于定位和固定座架，插板插入支柱槽后，用螺栓、螺母和方垫板紧固。滚轮用来直接支承钢轨，中轮和侧轮具有横向限位和减小钢轨与座架摩擦的作用。

b. 锁定座架与普通座架相比，区别在于：座架两侧焊有拉牵钩；锁定座架锁定隔梁不设中轮组和侧轮组；锁定层隔梁的钢轨支承面为钢板。

c. 端座架、次端座架结构和外形尺寸与普通座架基本相同，放置在车组两端的货车上；次端座架插板靠近侧柱，距侧柱中心线为 250 mm，而普通座架和锁定座架均为 780 mm。

d. 紧固装置和锁定座架配合使用，用于锁定钢轨，限制钢轨纵向移动，防止钢轨侧翻。紧固装置是采用大垫块、中垫块、小垫块和夹板通过螺栓和螺母连接而成的结构，用六根螺栓将同一层钢轨捆绑为一个单元，通过夹板的卡槽将钢轨固定于锁定隔梁上，如图 2-3-16 所示。紧固装置分大、中、小三种型号，其中大号紧固装置 4 套，用于第一、二层钢轨的锁定；中号紧固装置 2 套，用于第三层钢轨的锁定；小号紧固装置 2 套，用于第四层钢轨的锁定。各型号紧固装置除螺栓长度和中垫块数量不同外，其他部件的尺寸和数量均相同。其中，大号紧固装置螺栓长度 2 390 mm，中垫块数量 12 件；中号紧固装置螺栓长度 2 090 mm，中垫块数量 10 件；小号紧固装置螺栓长度 1 790 mm，中垫块数量 8 件。

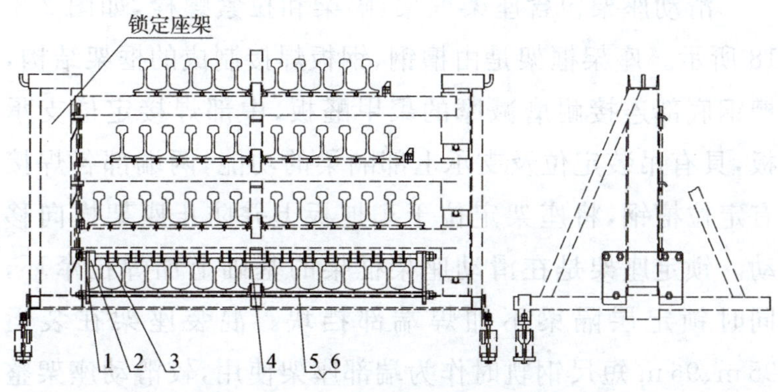

图 2-3-16　紧固装置结构示意图

1—夹板；2—小垫块；3—中垫块；4—大垫块；5—紧固螺栓；6—紧固螺母

e. 安全防护门由槽钢和钢板焊接组成，其结构如图 2-3-17 所示。门框的两侧焊有固定插板，用螺栓螺母与车辆支柱槽连接，阻挡钢轨纵向移动时不超出车端，保证车组行车安全。

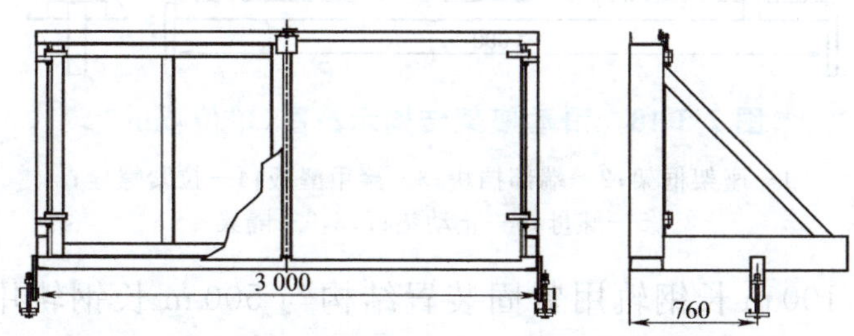

图 2-3-17　安全防护门结构示意图(单位:mm)

②100 m 长钢轨隔梁搬卸式专用装载加固装置

100 m 长钢轨隔梁搬卸式专用装载加固装置包含滑动座架、锁定座架、混装座架和紧固装置。

滑动座架包含座架框架、隔梁和拉紧螺栓，如图 2-3-18 所示。座架框架是由槽钢、钢板焊接制成的框架结构，槽钢底部连接耐磨减摩的聚甲醛板，中部焊接定位支承板，具有吊装定位及支承上部隔梁的功能，两端部各焊接有定位槽钢，将座架定位于车地板上并防止座架横向移动。锁定座架是在滑动座架框架的基础上加焊拉牵环，同时锁定层隔梁不加焊端部挡块。混装座架在装运 95 m、96 m 短尺钢轨时作为端部座架使用，较滑动座架整体高度低 10 mm，混装隔梁中部无定位支撑板，三个混装隔梁结构和尺寸完全相同。

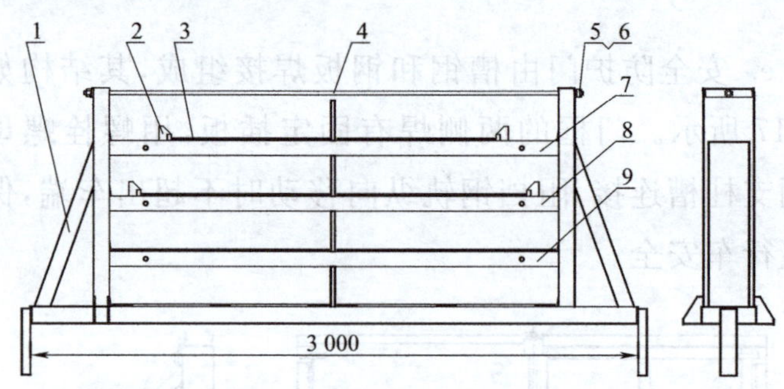

图 2-3-18　滑动座架结构示意图(单位:mm)

1—座架框架;2—端部挡块;3—聚甲醛板;4—拉紧螺栓;
5—螺母;6—止动垫;7,8,9—隔梁

100 m 长钢轨用紧固装置结构与 500 m 长钢轨用紧固装置结构相同，如图 2-3-19 所示。紧固装置分大、中、小三种型号，其中:大号紧固装置 2 套，用于第一、第二层钢轨的锁定;中号紧固装置 1 套，用于第三层钢轨的锁定;小号紧固装置 1 套，用于第四层钢轨的锁定。各型号紧固装置除螺栓长度和中垫块数量不同外，其他部件的尺寸和数量均相同。其中，大号紧固装置螺栓长度 2 240 mm，中垫块数量 12 件；中号紧固装置螺栓长度 1 940 mm，中垫块数量 10 件；小号紧固装置螺栓长度 1 640 mm，中垫块数量 8 件。

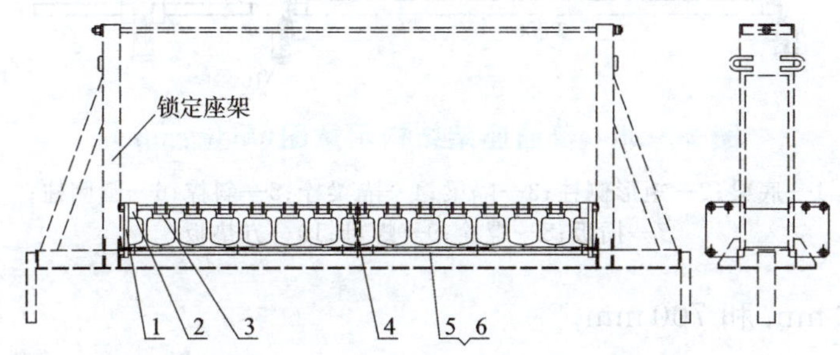

图 2-3-19　紧固装置结构示意图

1—夹板；2—小垫块；3—中垫块；4—大垫块；5—紧固螺栓；6—紧固螺母

③100 m 长钢轨转梁式专用装载加固装置

100 m 长钢轨转梁式专用装载加固装置包含普通座架、锁定座架、端部座架、端车座架、次端车座架、混装座架和紧固装置。

普通座架主要由底梁、隔梁、圆侧柱、矩形侧柱、斜撑和隔梁栓等组成，同时还配有与车体连接的方垫板，连接螺栓和螺母，如图 2-3-20 所示。锁定座架与普通座架的区别主要是在座架两侧焊有拉牵环，同时锁定层隔梁两侧无端部挡块。

端部座架、端车座架和次端车座架是根据长钢轨梯形或矩形装运方式以及选用货车长度的不同，并满足货车和座架承载要求而选用的，座架与车体连接的插板位置与普通座架不同，插板与侧柱中心线的距离分别为 800 mm、

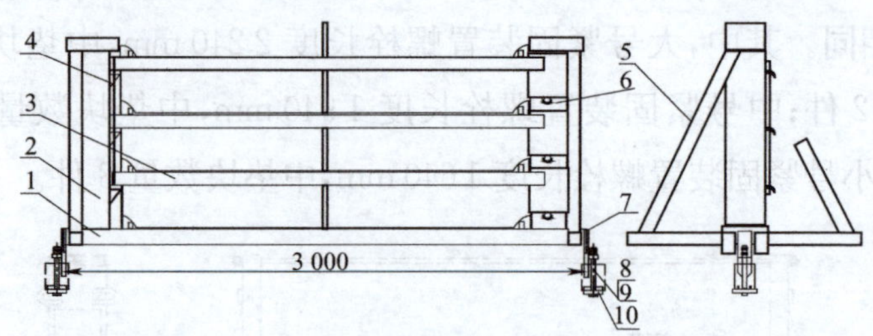

图 2-3-20　普通座架结构示意图(单位:mm)

1—底梁;2—矩形侧柱;3—隔梁;4—隔梁栓;5—斜撑;6—圆侧柱;7—插板;8—螺栓;9—螺母;10—方垫板

500 mm 和 700 mm。

混装座架在装运 95 m、96 m 短尺钢轨时作为端部座架使用,它与普通座架的区别是底梁和隔梁没有中部支座和端部挡块,底梁高度也有所降低;转梁式座架装配完毕后,隔梁不可拆卸,只可以在 90°范围内绕圆侧柱转动。

100 m 长钢轨转梁式专用紧固装置结构与 500 m 长钢轨用紧固装置结构相同,如图 2-3-21 所示;紧固装置均为大号,螺栓长度为 2 310 mm。

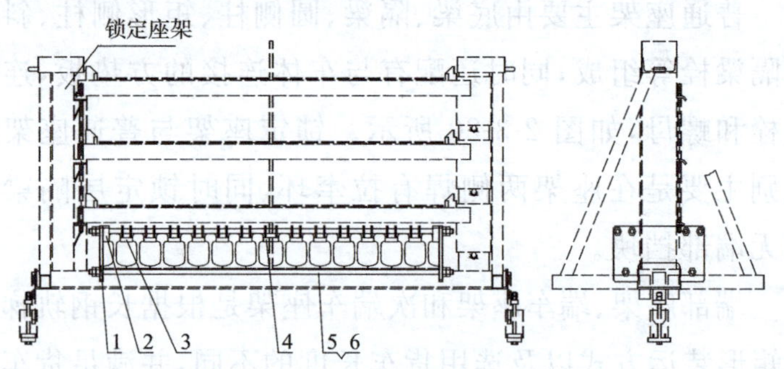

图 2-3-21　紧固装置结构示意图

1—夹板;2—小垫块;3—中垫块;4—大垫块;5—紧固螺栓;6—紧固螺母

④50 m 长道岔轨隔梁搬卸式专用装载加固装置

50 m 长道岔轨隔梁搬卸式专用装载加固装置包含滑动座架、锁定座架和紧固装置。

滑动座架包含座架框架和隔梁，为两层承载结构，如图 2-3-22 所示。座架框架是由槽钢、钢板焊接制成的框架结构，槽钢底部连接耐磨减摩的聚甲醛板，中部焊接定位支承板，具有吊装定位及支承上部隔梁的功能，两端部各焊接有插板，通过方垫板、螺栓和螺母与车体连接。锁定座架是在滑动座架框架的基础上加焊拉牵环。

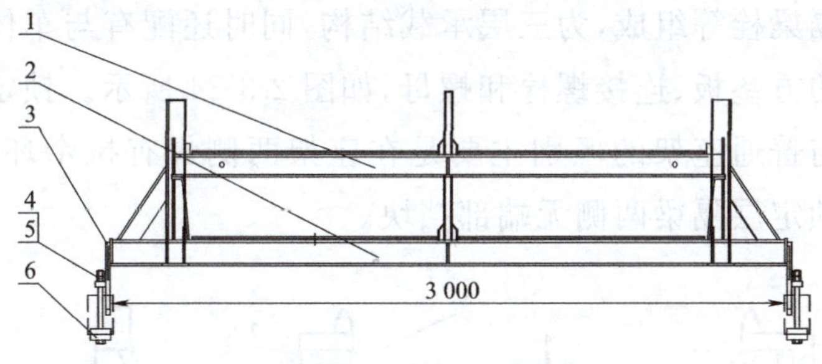

图 2-3-22　滑动座架结构示意图(单位：mm)

1—隔梁；2—座架框架；3—插板；4—螺栓；5—螺母；6—方垫板

50 m 长道岔轨用紧固装置结构与 500 m 长钢轨用紧固装置结构相同，螺栓长度均为 2 380 mm；由于 60D40、60AT、60TY 三种型号道岔轨截面形状不同，对应的紧固装置垫块尺寸也有所不同，以 60D40 道岔轨用紧固装置为例，如图 2-3-23 所示。

⑤75 m 长钢轨(74.414 kg/m)转梁式专用装载加固装置

75 m 长钢轨转梁式专用装载加固装置包含普通座

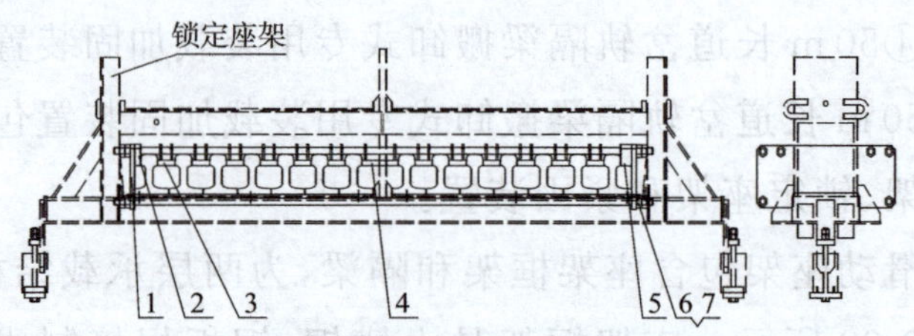

图 2-3-23　60D40 道岔轨用紧固装置结构示意图

1—夹板；2—小垫块 A；3—中垫块；4—大垫块；5—小垫块 B；6—紧固螺栓；7—紧固螺母

架、锁定座架和紧固装置。

普通座架主要由底梁、隔梁、圆侧柱、矩形侧柱、斜撑和隔梁栓等组成，为三层承载结构，同时还配有与车体连接的方垫板、连接螺栓和螺母，如图 2-3-24 所示。锁定座架与普通座架的区别主要是在座架两侧焊有拉牵环，同时锁定层隔梁两侧无端部挡块。

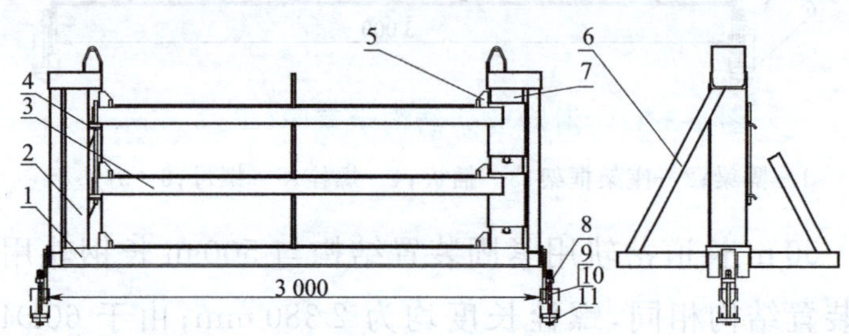

图 2-3-24　普通座架结构示意图（单位：mm）

1—底梁；2—矩形侧柱；3—隔梁；4—隔梁栓；5—端部挡块；6—斜撑；7—圆侧柱；8—插板；9—螺栓；10—螺母；11—方垫板

75 m 长钢轨用紧固装置结构与 500 m 长钢轨用紧固装置结构相同，紧固装置均为大号，螺栓长度为 2 300 mm，如图 2-3-25 所示。

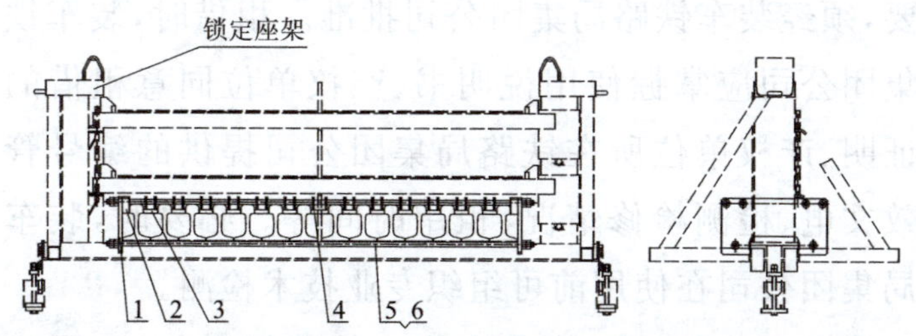

图 2-3-25　紧固装置结构示意图

1—夹板;2—小垫块;3—中垫块;4—大垫块;5—紧固螺栓;6—紧固螺母

3. 专用装载加固装置管理

①新造长钢轨专用装载加固装置交付使用时应由制造单位出具产品质量合格证明、使用说明书、维修保养要求,并涂打产品标记代号。

②新造长钢轨专用装载加固装置在经技术检测合格并由装车铁路局集团公司结合产品出厂标记代号进行编号管理后上路使用。装车铁路局集团公司应建立使用、管理、维修、报废等信息化台账并及时更新。

③装车单位每次装车前应对专用装载加固装置进行检查保养。每套专用装载加固装置每完成 10 次运输应由产权单位进行一次全面检修,确保技术状态良好。

④座架圆侧柱、方侧柱和底梁发生明显变形或严重锈蚀,影响使用且不能修复时,座架整体应报废处理。紧固螺栓运输 12 次后应全部更换。座架闲置时间超过一年时,继续使用前需进行技术检测,根据检测结果确定能否继续使用。

⑤专用装载加固装置不得擅自租借使用,确因临时

需要，须经装车铁路局集团公司批准。租借时，装车铁路局集团公司应掌握使用说明书、产权单位同意租借的书面证明、产权单位所在铁路局集团公司提供的编号管理有效文电、检测检修情况、租用时间等。必要时，装车铁路局集团公司在使用前可组织专业技术检测。

⑥专用装载加固装置应统一外观标识，对不同座架和不同规格的紧固装置要有明确区分标识，防止错用、误用。

三、装载加固装置原车回送

（一）100 m长钢轨普通平车装载加固装置（材料）原车回送检查要求

1. 使用编号070412号定型装载加固方案，装载加固装置和配重货物原车回送时，重点检查以下内容：

（1）卸轨后，座架在平车上保持原位置及加固方式不变。每个座架放置3个隔梁后，用拉紧螺栓、螺母和垫圈连接两侧挡梁，如图2-3-26～图2-3-28所示。

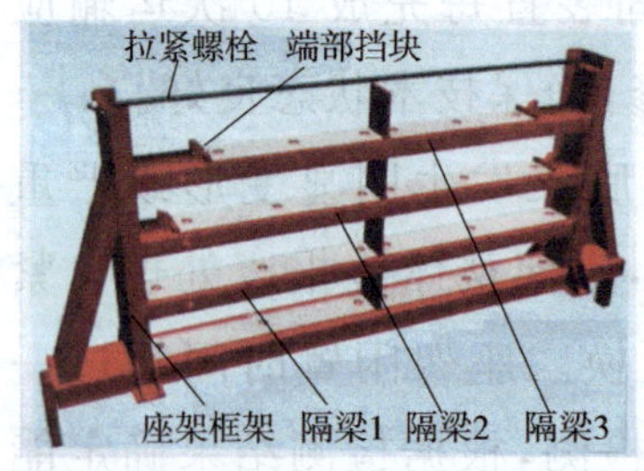

图2-3-26 滑动座架

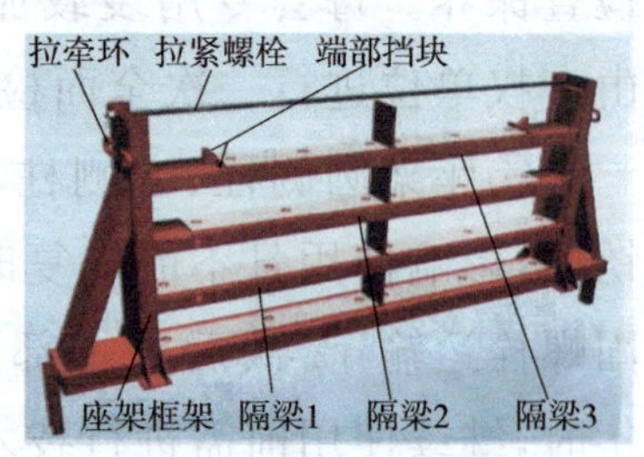

图2-3-27 锁定座架

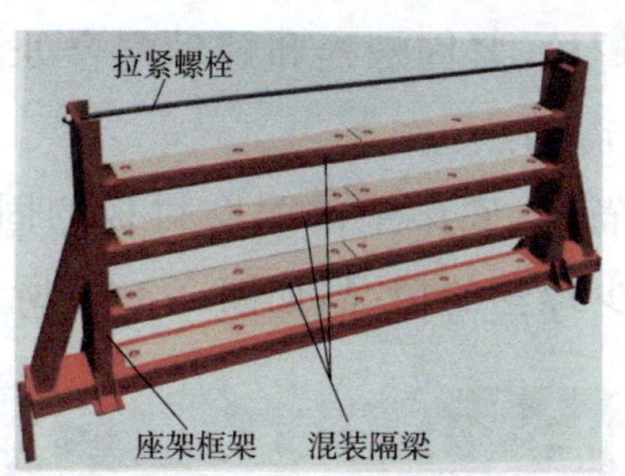

图 2-3-28　混装座架

(2)将 4 套紧固装置分别反扣在 4 个锁定座架的第一层隔梁上,每套紧固装置的 6 根紧固螺栓上夹板内外各使用 1 个螺母紧固,如图 2-3-29～图 2-3-31 所示。

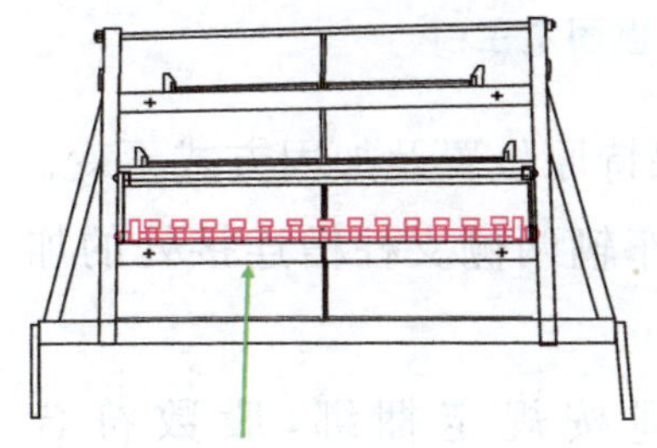

图 2-3-29　紧固装置固定图(1)

图 2-3-30　紧固装置固定图(2)

图 2-3-31　紧固装置固定图(3)

(3)拉紧螺栓、紧固螺栓和螺母配合处用螺丝固定剂锁固，拆卸时需加热。

(4)座架隔梁、底梁上的耐磨衬板的固定情况，无松动、断裂或缺少螺丝的情况，如图 2-3-32 所示。

图 2-3-32　衬板固定图(1)

(5)配重货物在平车上保持原位置及加固方式不变。

(6)座架及配重货物，与车辆两侧支柱槽连接处的加固螺母焊牢或紧固状态。

(7)锁定座架的钢丝绳按规定捆绑，股数符合要求。

2. 使用编号 070414 号装载加固定型方案，装载加固装置原车回送时，重点检查如下内容：

(1)卸轨后，座架、配重货物在平车上保持原位置及加固方式不变。

(2)将 4 套紧固装置分别置于 4 个锁定座架的第一层隔梁上，每根紧固螺栓两端的夹板内外各使用 1 个螺母锁固夹板和紧固螺栓，夹板外侧螺母的紧固力矩不小于 100 N · m，如图 2-3-33、图 2-3-34 所示。

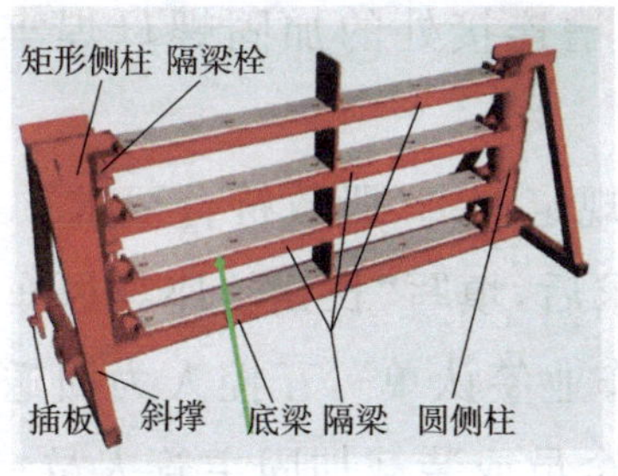

图 2-3-33　锁固图(1)

图 2-3-34　锁固图(2)

(3)使用隔梁栓将三层隔梁锁定并用锁具将隔梁栓锁固,如图 2-3-35 所示。

图 2-3-35　锁定图

(4)座架隔梁、底梁上的耐磨衬板的固定情况,无松动、断裂或螺丝缺失的情况,如图 2-3-36 所示。

图 2-3-36　衬板固定图(2)

(5)座架与车辆两侧支柱槽连接处的加固螺母焊牢或紧固状态。

(6)锁定座架的钢丝绳按规定捆绑,股数符合要求。

3. 现场检查确认符合要求后,填写“长钢轨座架原车回送及 DL_1 型货车回送检查作业签认单”,互控人为回送站货运值班员(货运主管)、安全员或装载加固主管人员。

(二)DL_1 型货车附设装置原车回送检查要求

1. DL_1 型货车附设的支撑装置及专用车钩缓冲停止器,应保持原有的车辆设计状态回送。

2. 车组组成:一组 3 车,DL_1 型货车 DNX_{17K} 游车+DL_1 型货车。车辆上部附设有支撑装置(图 2-3-37、图 2-3-38)和专用车钩缓冲停止器(图 2-3-39)。

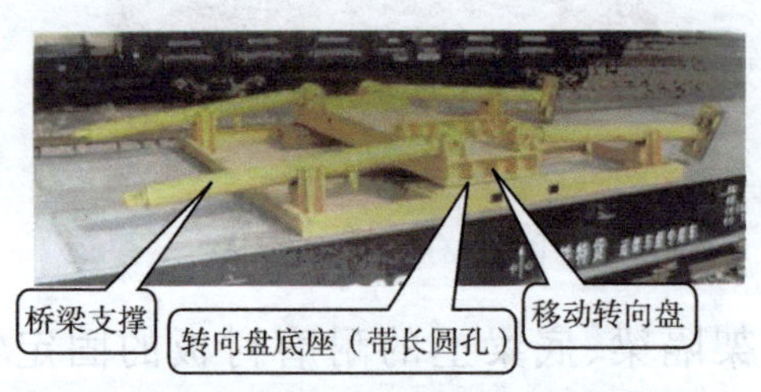

图 2-3-37 移动支撑装置

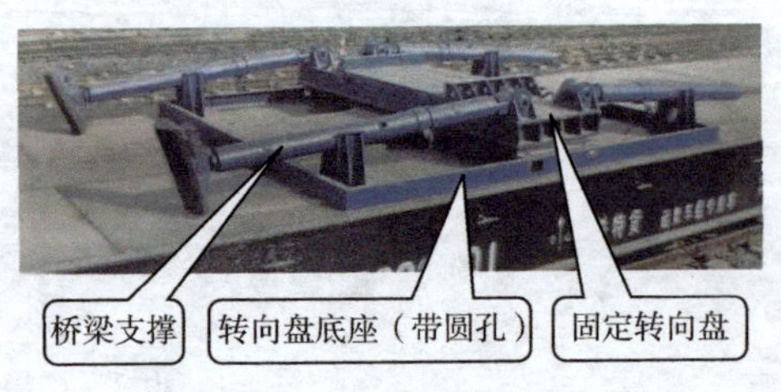

图 2-3-38 固定支撑装置

图 2-3-39　专用车钩缓冲停止器

3. 回送时，车间管理人员（或装载加固主管）须到现场检查，确认符合相关要求后，填写"长钢轨座架原车回送检查作业签认单"。回送前重点检查以下内容：

（1）桥梁支撑杆放倒在专用卡槽内、卡紧，同时使用 8 号镀锌铁线 2 周将桥梁支撑与卡槽捆绑牢固，如图 2-3-40～图 2-3-43 所示；钉固在转向盘底座上的橡胶垫和圆钢钉拆除，如图 2-3-44 所示；检查专用卡槽内的橡胶垫，如图 2-3-45 所示；支撑杆与撑垫连接的固定情况，如图 2-3-46 所示。

（2）DL_1 型货车两端的专用车钩缓冲停止器处于非工作位、并用铁线捆紧，如图 2-3-47 所示；游车（DNX_{17K} 车）所有车钩通用车钩缓冲器拆除，如图 2-3-48 所示。

图 2-3-40　捆绑图（1）

图 2-3-41　捆绑图（2）

图 2-3-42　捆绑图(3)

图 2-3-43　捆掷图(4)

图 2-3-44　橡胶垫和圆钢钉

图 2-3-45　专用卡槽橡胶垫

图 2-3-46　支撑杆与撑垫连接图

图 2-3-47　车钩缓冲停止器状态

图 2-3-48　拆除后

(3)关闭端板、清理车上所有原装车时使用的加固材料及杂物等。

(4)装置上的配件无松动、开焊、断裂以及螺母、螺丝失效等情况。

4. 对本项第 3 点的检查内容均应拍照或摄像，照片或摄像资料保存时间不少于 2 年。

(三)TYQZ-130 型桥梁转向架回送交接检查

1. TYQZ-130 型桥梁运输转向架交接检查流程如图 2-3-49 所示。

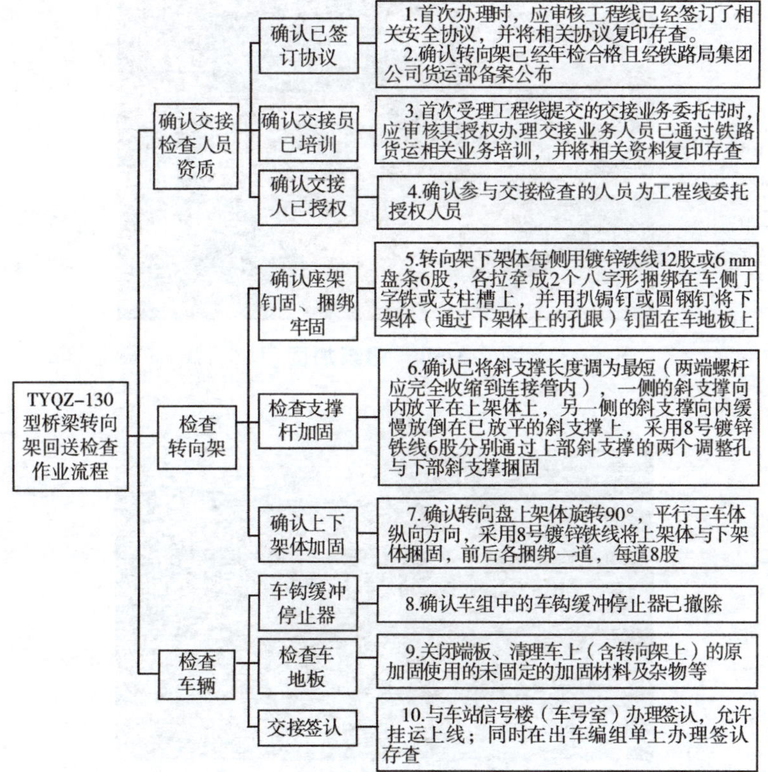

图 2-3-49　TYQZ-130 型桥梁运输转向架交接检查流程

2. TYQZ-130 型桥梁运输转向架交接检查重点图示如下。

(1)如图 2-3-50 和图 2-3-51 所示:先将斜支撑平放在转向架上架体上,再将另一斜支撑轻放在先前放倒的斜支撑上,用 8 号镀锌铁线 6 股两道分别将上下斜支撑两侧捆牢;然后将上架体旋转 90°,用 8 号镀锌铁线 8 股两道分前后分别将上下架体捆绑牢固。

图 2-3-50　捆绑加固(1)

图 2-3-51　捆绑加固(2)

(2)确认下架体与车辆间的加固线质量良好(镀锌铁线 12 股或直径 6 mm 盘条 6 股),防磨到位。

(3)确认车钩缓冲停止器已撤除,并将其用 8 号镀锌铁线 2 股将其与转向架上架体捆绑牢固 2 道,如图 2-3-52 所示。

图 2-3-52　捆绑加固(3)

(4)关闭端板,清理车上以及转向架上的原加固使用的未固定的加固材料及杂物等,如图 2-3-53 所示。

图 2-3-53　捆绑加固(4)

第四节　装载加固技术指标及计算

一、超载

（一）计算

货车装载的货物重量（包括货物包装、防护物、装载加固材料及装置）不得超过其容许载重量。超过时即为超载，超载重量计算公式为

$$Q_{超} = Q_{实} - Q_{容}$$

式中　$Q_{实}$——货车实际装载重量；

$Q_{容}$——货车容许载重量。

（二）货车容许载重量规定

货车容许载重量＝货车标重＋允许增载重量＋《铁路货物运输规程》（简称《货规》）规定允许多装标重的2％。

1. 允许增载重量、《货规》规定允许多装标重的2％仅限允许增载货车车种车型、适装货物品类。增载货车车型、适装货物品类及允许增载重量见表2-4-1。

2. 其他允许增载情况：

（1）使用60 t平车装运军运特殊货物，允许增载10％。

（2）国际联运的中、朝、越铁路货车（C_{70}型系列、C_{76}型系列、C_{80}型系列货车除外），以标记载重量加5％为货车容许载重量。

表 2-4-1　增载货车车型、适装货物品类及允许增载重量

序号	增载货车车型	适于增载货物品类	最大允许增载
1	C_{62BK}、C_{62BT}、C_{64A}、C_{64H}、C_{64K}、C_{64T} 型敞车	《铁路货物运价规则》附件一中 01 类煤，03 类焦炭，04 类金属矿石中 0410 铁矿石、0490 其他金属矿石，05 类 0510 生铁，06 类非金属矿石中 0610 硫铁矿，0620 石灰石、0630 铝矾土、0640 石膏，07 类磷矿石，08 类矿物性建筑材料中 0811 中泥土、0812 砂、0813 石料、0898 灰渣等中的散堆装货物	3 t
2	C_{62BK}、C_{62BT}、C_{64A}、C_{64H}、C_{64K}、C_{64T} 型敞车	除序号 1 所述品类外的其他适合敞车装运的货物	2 t
3	C_{62AK}、C_{62AT} 型敞车	适合敞车装运的货物	2 t
4	企业自备车中标记载重 60 t 级敞车	《铁路货物运价规则》附件一中 01 类煤	2 t
5	P_{62NK}、P_{62NT}、P_{63}（含 P_{63K}）、P_{64}（含 P_{64A}、P_{64AK}、P_{64AT}、P_{64GH}、P_{64GK}、P_{64GT}、P_{64K}、P_{64T}）、P_{65}（含 P_{65S}）型棚车	适合棚车装运的货物	1 t（快速货物班列中 P_{65} 的装载重量按有关规定执行）

3. 禁增规定：

(1)涂打禁增标记的货车不准增载。

(2)国铁集团未批准增载的各型货车不得增载。

(3)以下车种车型不允许增载：

①企业自备车中标记载重 60 t 级敞车外的其他车种

车型；

②P_{62K}、P_{62T}、P_{70} 等型棚车；

③ N_{17K}、N_{17AK}、N_{17AT}、N_{17GK}、N_{17GT}、N_{17T} 等型平车；

④罐车(G)、矿石车(K)、家畜车(J)、水泥车(U)、粮食车(L)、保温车(B)、集装箱车(X)、共用车(NX)、毒品车(W)、长大货物车(D)以及长钢轨运输车(T)；

⑤涂打有禁增标记的货车；

⑥C_{70}(含 C_{70H}、C_{70A}、C_{70C}、C_{70E}、C_{70EH}、C_{70EF}、C_{70B}、C_{70BH})、C_{76}(含 C_{76H}、C_{76A}、C_{76B}、C_{76C})、C_{80}(含 C_{80H}、C_{80A}、C_{80AH}、C_{80B}、C_{80BH}、C_{80BF}、C_{80C}、C_{80CA})型货车。

(三)实例分析

【实例 2-4-1】使用 C_{64K} 型敞车装运煤，货物总重为 62.8 t，请问该车是否超载。

答：查《增载货车车型、适装货物品类及允许增载重量表》，C_{64K} 型敞车为允许增载货车车型，煤为 01 类，属于适装货物品类，故

容许载重＝货车标重＋允许增载重量＋《货规》规定允许多装标重的 2%＝61＋3＋61×2%＝65.22(t)

而实际装载货物重量为 62.8 t，小于 65.22 t，该车不超载。

二、偏载

(一)计算

装车后货物总重心的投影应位于货车纵、横中心线的

交叉点上。必须偏离时，横向偏离量不得超过100mm。超过上述规定即为偏载。

货物重心在车辆横向偏离超过规定时，将会使车辆一侧弹簧负重较大，甚至压死旁承有导致重车倾覆的危险，实验和研究证明货物重心在车辆横向偏离不超过100mm，不致影响行车安全，超过时必须改变装载方法或配重措施，以调整重心位置。

1. 横向偏离量确定

$$b = \frac{\pm Q_1 b_1 \pm Q_2 b_2 \pm \cdots \pm Q_n b_n}{Q_1 + Q_2 + \cdots + Q_n}$$

式中　b——货物总重心至车地板纵中心线水平距离，mm；

$b_1,\cdots,b_n$——每件货物重心至车地板纵中心线的距离，mm。

2. 配置货物的重量或重心位置的计算

大件货物装车时，为了避免超限或缩小超限程度，或货物形状特殊等原因，货物重心不但不能位于货车纵中心线上，而且往往要求计算距纵中心线的距离是否超过规定值。超过时，为了确保行车和货物安全，应采取配重措施。

根据力矩平衡原理，以车辆纵中心线为轴线得平衡方程式：

$$Qb = Q_{配}\ b_{配}$$

$$b_{配} = \frac{Qb}{Q_{配}}$$

$$Q_{配}=\frac{Qb}{b_{配}}$$

式中 $Q_{配}$——配重货物的重量,t;

$b_{配}$——配重货物重心距离车辆纵中心线的距离,mm;

Q——配重前的货物重量,t;

b——配重前货物重心偏离车辆纵中心线的距离,mm。

(二)实例分析

【实例 2-4-2】某站使用 61 t C_{64T} 型敞车(转向架中心距为 8 700 mm)装运石油钻探设备 3 件,装载如图 2-4-1 所示,其中红色线分别表示车辆纵横中心线。请计算货物横向偏离量,判断该装载方案是否偏载。试计算如何通过调整货$_2$位置,使所装货物总重心投影落在车辆纵中心线上。

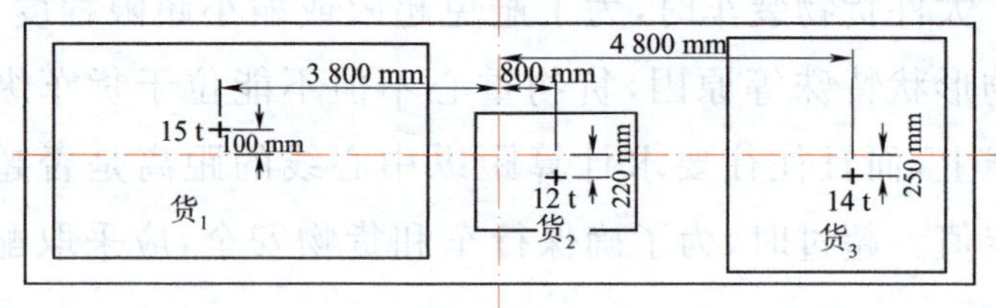

图 2-4-1 装载方案

答:(1)三件货物的总的横向偏离量 $b_{总}$:

$b_{总}=(Q_1b_1+Q_2b_2+Q_3b_3)/(Q_1+Q_2+Q_3)=(15\times100-12\times220-14\times250)/(15+12+14)\approx-113(\text{mm})$

横向偏移量超过 100 mm,该车装载偏载,装载不合理。

(2)要通过调整货$_2$位置,使所装货物总重心投影落在车辆纵中心线上,则有

$b_{总}=(Q_1b_1+Q_2b_2+Q_3b_3)/(Q_1+Q_2+Q_3)=0$

即$(15\times100+12\times b_2-14\times250)/(15+12+14)=0$

解得:$b_2\approx167$ mm

即需将货$_2$的位置向上挪动,使其重心向上偏离车辆纵中心线 167 mm。

三、偏重

(一)计算

装车后货物总重心的投影应位于货车纵、横中心线的交叉点上。纵向偏离时,每个车辆转向架所承受的货物重量不得超过货车容许载重量的二分之一,且两转向架承受重量之差不得大于 10 t。超过上述规定即为偏重。

1. 纵向偏离量的确定

纵向偏离量指装车后货物总重心投影距离车辆横中心线的距离。

$$a=\frac{\pm Q_1a_1\pm Q_2a_2\pm\cdots\pm Q_na_n}{Q_1+Q_2+\cdots+Q_n}$$

式中　a——货物总重心至车地板横中心线水平距离,mm;

$a_1,\cdots,a_n$——每件货物重心至车地板横中心线的距离,mm。

2. 货物总重心偏离车辆横中心线的容许距离 $a_{容}$ 的计算方法

根据“纵向偏离时，每个车辆转向架所承受的货物重量不得超过货车容许载重量的二分之一，且两转向架承受重量之差不得大于 10 t”规定，得出：

①当 $P_{容}-Q<10\,t$ 时：

$$a_{容}=\left(\frac{P_{容}}{2Q}-0.5\right)l \quad (mm)$$

②当 $P_{容}-Q\geqslant 10\,t$ 时：

$$a_{容}=\frac{5}{Q}l \quad (mm)$$

式中　$P_{容}$——车辆的容许载重量，t；

l——车辆转向架中心距，mm；

Q——车辆所装货物重量，t。

3. 判定货物是否偏重的方法

(1)首先算出车辆所装货物纵向偏移量 $a_{实}$，然后计算出容许距离 $a_{容}$，当 $a_{实}<a_{容}$，则货物不偏重；当 $a_{实}>a_{容}$，则货物偏重，需重新进行装载，如车辆所装货物重量小于车辆的容许载重量，也可以考虑采取配重措施，但必须满足所需配重货物重量小于车辆的容许载重量与车辆所装货物重量之差。

(2)直接算出车辆两转向架所承受的货物重量之差，如果小于等于 10 t，则不偏重；如果大于 10 t，则偏重，则需要重新装载或采取配重措施。

①车辆一个转向架所承受的货物重量为

$$R_A = Q_{总}\left(0.5 + \frac{a}{l}\right)$$

式中　$Q_{总}$——车辆所装货物重量，t；

a——货物总重心偏离货车横中心线的距离，mm；

l——车辆转向架中心距，mm。

②车辆另一个转向架所承受的货物重量为

$$R_B = Q_{总} - R_A$$

(二)实例分析

【实例 2-4-3】均重货物一件，重 45 t，长 16.4 m，宽 3.36 m，高 2.0 m。拟用 NX_{17BK} 一辆负重一端突出、另一端对齐车端梁装载，另以一辆 NX_{17AK} 作游车，横垫木高度取 160 mm，验算此装载方案是否偏重。

答：验算此装载方案的合理性。

由题意，货物重心偏离车辆横中心线的距离 $a_{实}=(16\,400-15\,400)\div 2=500(mm)$

因为 $P_{容}-Q=61-45=16(t)>10(t)$，所以货物最大容许偏移量：$a_{容}=\frac{5l}{Q}=(5\times 10\,920)\div 45=1\,213(mm)$。

$a_{需}<a_{容}$ 符合装载基本技术条件，不偏重。

【实例 2-4-4】某货检站超偏载仪检测 C_{62BT} 4666091 钢材严重偏重，扣车处理，图 2-4-2 是该车装载现状照片和示意图，请按车内装载现状计算每个货车转向架所承受的重量并分析，指出发站装车违章之处。(实测货物长度为 9.05 m，货物与车地板间垫 2 道稻草绳把，间距 7 m。货车标重 60 t，销距 8.7 m)

钢材装载偏重

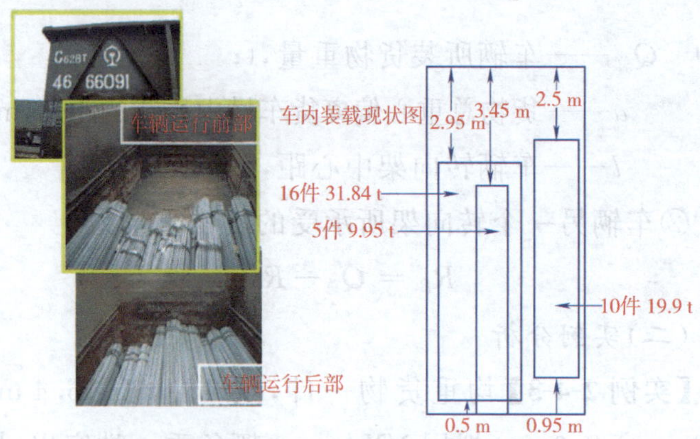

图 2-4-2 货车装载现状及示意

答：(1)计算货物总重心偏移量

按车内装载现状图所示，设 16 件货物为第一货组，5 件货物为第二货组，10 件货物为第三货组，每组货物偏离货车横中心线的距离为：

第一组 $a_1=12.5\div2-(9.05\div2+0.5)=1.225(\mathrm{m})$

第二组 $a_2=12.5\div2-9.05\div2=1.725(\mathrm{m})$

第三组 $a_3=12.5\div2-(9.05\div2+0.95)=0.775(\mathrm{m})$

已知货物重量：

第一组货重 $Q_1=31.84\ \mathrm{t}$，第二组货重 $Q_2=9.95\ \mathrm{t}$，第三组货重 $Q_3=19.9\ \mathrm{t}$。

$Q_{货总}=31.84+9.95+19.9=61.69(\mathrm{t})$

货物总重心偏离车辆横中心线的实际距离

$a_{实}=(Q_1a_1+Q_2a_2+Q_3a_3)\div(Q_1+Q_2+Q_3)$

$\approx1.161(\mathrm{m})$

(2)车辆转向架承受重量

已知货物总重心偏离货车横中心线1.16 m,C_{62BT}销距为8.7 m,代入公式

$R_A = Q_{货总}(0.5 + a/l)$

$= 61.69 \times (0.5 + 1.16 \div 8.7)$

$\approx 39.07(t)$

$R_B = Q_{货总} - R_A$

$= 61.69 - 39.07$

$= 22.62(t)$

(3)分析

发站装载货物总重61.69 t,违反《加规》第17条第7款"仅靠防滑衬垫防止货物移动时,全车装载重量不得超过55 t"和《加规》附件1"第070802号装载方案长6 250～12 000 mm成捆螺纹钢、圆钢:当K_1=7 000 mm时,容许装载55 t"之规定。

扣车时,该车装载现状不符合《加规》第12条"装车后货物总重心的投影应位于货车纵、横中心线的交叉点上。必须偏离时,横向偏离量不得超过100 mm;纵向偏离时,每个车辆转向架所承受的货物重量不得超过货车容许载重量的二分之一,且两转向架承受重量之差不得大于10 t"。

四、集重

一般情况下,不同的车型局部地板面容许承受货物重量不同,超过时即为集重。

(一)不同车型局部承受货物重量规定

1. 平车、凹底平车、长大平车局部承受货物重量规定

(1)车辆横中心线两侧等距离范围内承受均布载荷或对称集中载荷时,容许载重量见表 2-4-2～表 2-4-4。

(2)货物支重面长度小于所需两横垫木之间的最小距离时,可按需要先铺设两根横垫木,然后在横垫木上加纵垫木,将货物均衡地装在纵垫木上。

表 2-4-2 平车局部地板面承受均布载荷或对称集中载荷时容许载重量

地板负重面长度/mm	两横垫木中心线间最小距离/mm \ 容许载重量/t \ 车型	N_{17AK}、N_{17AT}、N_{17GK}、N_{17GT}、N_{17K}、N_{17T}	NX_{17AK}、NX_{17AT}、NX_{17K}、NX_{17T}	NX_{17BK}、NX_{17BT}、NX_{17BH}	NX_{70}、NX_{70H}	NX_{70A}
1 000	500	25	25	25	30	40
2 000	1 000	30	30	30	35	50
3 000	1 500	40	40	40	45	62
4 000	2 000	45	45	45	50	66
5 000	2 500	50	50	50	55	70
6 000	3 000	53	53	53	57	
7 000	3 500	55	55	55	60	
8 000	4 000	57	57	57	63	
9 000	4 500	60	60	61	65	
10 000	5 000				70	

注:当负重面长度介于上表两数之间时,可采用线性插入法确定容许载重量。

表 2-4-3 凹底平车局部地板面承受均布载荷或对称集中载荷时容许载重量

地板负重面长度/mm	两横垫木中心线间最小距离/mm \ 容许载重量/t \ 车型	D_2	D_{10}	D_{2G}	D_{2A}	D_{9A}	D_{15}	D_{25A}	D_{12K}	D_{18A}	D_{10A}	D_{15A}	D_{32}	D_{28}	QD_3	D_{15B}	D_{32A}	DA_{21}	DA_{25}
1 000	500	160													22				
1 500	750		71	172	172		129		95	165	72	130				130			
2 000	1 000														23				
3 000	1 500		72	178	178	76	131	215	100	166	76	132		250	24	132		180	220
3 500	1 750																		
4 000	2 000														25				
4 500	2 250		74	183	183	80	134	216	105	168		135		260				185	225
5 000	2 500														27				
5 500	2 750																		
6 000	3 000		77	189	189	84	137	224	109	171	83	138		270	28	140		190	230
7 000	3 500							229					300		30		300		
7 500	3 750		81	197	197	87	142		113	175	88	142		275		145		200	240
8 000	4 000							236						280			310		
9 000	4 500		87	210	210	90	150	243	120	180	90	150	315			150	315	210	250
9 300	4 650																		
9 800	4 900							250											
10 000	5 000		90								90		320				320		

注：当负重面长度介于上表两数之间时，可采用线性插入法确定容许载重量。

表 2-4-4 长大平车局部承受均布载荷或对称集中载荷时容许载重量

地板负重面长度/mm	两横垫木中心线间最小距离/mm	D22A	D26A/D26AK	D70	D22B
2 000	1 000	62		32	55
3 000	1 500				
4 000	2 000	64		36	58
4 500	2 250				
5 000	2 500				
6 000	3 000	68		40	62
7 500	3 750				
8 000	4 000	74	260	44	66
9 000	4 500				
10 000	5 000	77		46	71
12 000	6 000	81		48	76
14 000	7 000	86		50	82
15 000	7 500			60	
16 000	8 000	98		70	88
16 500	8 250		260		
17 800	8 900				100
18 000	9 000	120			
20 000	10 000				108
20 400	10 200				
22 000	11 000				116
24 000	12 000				120
25 000	12 000				120

注：当负重面长度介于上表两数之间时，可采用线性插入法确定容许载重量。

2. C62A＊、C62A＊K、C62AK、C62A＊T、C62AT、C62BK、C62BT、C64K、C64H 及 C64T 敞车局部地板面承受货物重量规定

(1)仅在车辆两枕梁之间、横中心线两侧等距离范围内承受均布载荷或对称集中载荷时，容许载重量见表 2-4-5、表 2-4-6。

表 2-4-5　60 t、61 t 敞车两枕梁间承受均布载荷时容许载重量

车辆负重面长度/mm	车辆负重面宽度 B/mm	容许载重量/t
2 000	$1\,300 \leqslant B < 2\,500$	15
	$B \geqslant 2\,500$	20
3 000	$1\,300 \leqslant B < 2\,500$	16
	$B \geqslant 2\,500$	23
4 000	$1\,300 \leqslant B < 2\,500$	17
	$B \geqslant 2\,500$	26
5 000	$1\,300 \leqslant B < 2\,500$	18.5
	$B \geqslant 2\,500$	29
6 000	$1\,300 \leqslant B < 2\,500$	20
	$B \geqslant 2\,500$	32
7 000	$1\,300 \leqslant B < 2\,500$	23.5
	$B \geqslant 2\,500$	35.5
8 000	$1\,300 \leqslant B < 2\,500$	27
	$B \geqslant 2\,500$	39
9 000	$1\,300 \leqslant B < 2\,500$	30
	$B \geqslant 2\,500$	43

注：当负重面长度介于上表两数之间时，可采用线性插入法确定容许载重量。

表 2-4-6　60 t、61 t 敞车两枕梁间承受对称集中载荷时容许载重量

横垫木中心间距/mm	横垫木长度 L/mm	容许载重量/t
1 000	$1\,300 \leqslant L < 2\,500$	13
	$L \geqslant 2\,500$	17
2 000	$1\,300 \leqslant L < 2\,500$	14
	$L \geqslant 2\,500$	20
3 000	$1\,300 \leqslant L < 2\,500$	17
	$L \geqslant 2\,500$	21
4 000	$1\,300 \leqslant L < 2\,500$	24
	$L \geqslant 2\,500$	30
5 000	$1\,300 \leqslant L < 2\,500$	32
	$L \geqslant 2\,500$	42
6 000	$1\,300 \leqslant L < 2\,500$	43
	$L \geqslant 2\,500$	49
7 000	$1\,300 \leqslant L < 2\,500$	46
	$L \geqslant 2\,500$	55
8 000	$1\,300 \leqslant L < 2\,500$	50
	$L \geqslant 2\,500$	60(61)
8 700		60(61)

注：①当负重面长度介于上表两数之间时，可采用线性插入法确定容许载重量。

②表中括号内数据表示当使用 61 t 敞车时，两枕梁间承受对称集中载荷的容许载重量。

(2)两枕梁直接承受货物重量且两枕梁承受的货物重量相等时，全车装载重量可以达到车辆容许载重量。

(3)在车辆两枕梁内外等距离(装载长度不超过 3.8 m)、宽度不小于 1.3 m 范围内(小于 1.3 m 时加垫长度不小于 1.3 m 的横垫木)承受均布载荷(加垫横垫木为对称集中载荷)时,全车装载重量可以达到车辆标记载重量。

如果需要在货物下加垫横垫木或条形草支垫(稻草绳把)时,应分别加垫在枕梁上及其内外各 1 m 处。

(4)靠车辆两端墙向中部连续装载货物,每端装载长度超过 3.8 m 时,应遵守下列规定:

①装载宽度不小于 2.5 m 时,全车装载重量可以达到车辆标记载重量;

②装载宽度不小于 1.3 m、不足 2.5 m 时,全车装载重量不得超过 55 t。

(5)在车辆两枕梁内外等距离、宽度不小于 1.3 m 范围内和车辆中部三处承载时,中部货物重量不得大于 13 t,全车装载重量不得超过 57 t。

(6)靠车辆两端墙向中部连续装载,每端装载长度超过 3.8 m,且在车辆中部装载货物时,应遵守下列规定:

①中部所装货物的重量不得超过 13 t;

②当两端货物的装载宽度不小于 2.5 m 时,全车装载重量不得超过 57 t;

③当两端货物的装载宽度不小于 1.3 m、不足 2.5 m 时,全车装载重量不得超过 55 t。

(7)仅靠防滑衬垫防止货物移动时,全车装载重量不得超过 55 t。

3. C_{70}、C_{70H}、C_{70E}、C_{70EH} 型敞车局部地板面承受货物重量规定

(1)仅在车辆两枕梁之间、横中心线两侧等距离范围内承受均布载荷或对称集中载荷时,容许载重量见表

2-4-7、表2-4-8。

表 2-4-7　C_{70}、C_{70H}、C_{70E}、C_{70EH} 型敞车两枕梁间承受均布载荷时容许载重量

车辆负重面长度/mm	车辆负重面宽度 B/mm	容许载重量/t
2 000	1 300≤B<2 500	25
	B≥2 500	30
3 000	1 300≤B<2 500	28
	B≥2 500	39
4 000	1 300≤B<2 500	34
	B≥2 500	40
4 500	1 300≤B<2 500	34
	B≥2 500	40
5 000	1 300≤B<2 500	36
	B≥2 500	42
6 000	1 300≤B<2 500	42
	B≥2 500	45
7 000	1 300≤B<2 500	44
	B≥2 500	48
8 000	1 300≤B<2 500	48
	B≥2 500	52
9 000	1 300≤B<2 500	52
	B≥2 500	62

注：①以下情况 C_{70}、C_{70H}、C_{70E}、C_{70EH} 全车装载重量可以达到车辆标记载重量：

a. 当车辆负重面宽度不小于 2 000 mm，在车辆两枕梁处负重面长度各为 3 800 mm 或在车辆两枕梁及中央三处负重面长度不小于 2 000 mm 且均布对称装载时；

b. 全车均布装载时。

②当负重面长度介于上表两数之间时，可采用线性插入法确定容许载重量。

表 2-4-8 C70、C70H、C70E、C70EH 型敞车两枕梁间承受对称集中载荷时容许载重量

横垫木中心间距/mm	横垫木长度 L/mm	容许载重量/t
1 000	$1\,300 \leqslant L < 2\,500$	26
	$L \geqslant 2\,500$	30
2 000	$1\,300 \leqslant L < 2\,500$	32
	$L \geqslant 2\,500$	36
3 000	$1\,300 \leqslant L < 2\,500$	35
	$L \geqslant 2\,500$	39
4 000	$1\,300 \leqslant L < 2\,500$	42
	$L \geqslant 2\,500$	46
5 000	$1\,300 \leqslant L < 2\,500$	48
	$L \geqslant 2\,500$	54
6 000	$1\,300 \leqslant L < 2\,500$	58
	$L \geqslant 2\,500$	64
7 000	$1\,300 \leqslant L < 2\,500$	60
	$L \geqslant 2\,500$	68
8 000	$1\,300 \leqslant L < 2\,500$	64
	$L \geqslant 2\,500$	70

注：①使用横垫木在两枕梁处对称装载，当横垫木长度不小于 2 000 mm，两横垫木中心间距为 1 000 mm 时，全车装载重量可以达到车辆标记载重量。

②当负重面长度介于上表两数之间时，可采用线性插入法确定容许载重量。

（2）两枕梁直接承受货物重量且两枕梁承受的货物重量相等时，全车装载重量可以达到车辆标记载重量。

（3）在车辆两枕梁内外等距离（装载长度不超过 3.8 m）范围内承受均布载荷时，应遵守下列规定：

①装载宽度不小于 2.5 m 时，全车装载重量可以达

到车辆标记载重量；

②装载宽度不小于 1.2 m、不足 2.5 m 时，全车装载重量不得超过 65 t。

如果需要在货物下加垫横垫木或条形草支垫（稻草绳把）时，应分别加垫在枕梁上及其内外各 1 m 处。

(4)靠车辆两端墙向中部连续装载货物，每端装载长度超过 3.8 m 时，应遵守下列规定：

①装载宽度不小于 2.5 m 时，全车装载重量可以达到车辆标记载重量；

②装载宽度不小于 1.2 m、不足 2.5 m 时，全车装载重量不得超过 65 t。

(5)在车辆两枕梁内外等距离（装载长度不超过 3.8 m）范围内和车辆中部三处承载时，应遵守下列规定：

①中部货物装载宽度不小于 1.2 m，重量不得大于 25 t；

②当两端货物的装载宽度不小于 2.5 m 时，全车装载重量可以达到车辆标记载重量；

③当两端货物的装载宽度不小于 1.2 m、不足 2.5 m 时，全车装载重量不得超过 65 t。

(6)货物的装载宽度小于 1.2 m 时，可双排装载或加垫长度不小于 1.2 m 的横垫木。

(二)实例分析

【实例 2-4-5】某站托运一件均重货物，货长 4 280 mm，货重 46.5 t，拟使用 N_{17AK} 均布载荷装载。(1)请确认该车是否集重；(2)如果集重，在不更换车辆的情况下，如何处理。(N_{17AK} 地板面均布载荷容许载重量详见表 2-4-9)。

表 2-4-9 N_{17AK} 地板面均布载荷容许载重量

地板负重面长度/mm	两横垫木中心线最小距离/mm	容许载重量/t
1 000	500	25
2 000	1 000	30
3 000	1 500	40
4 000	2 000	45
5 000	2 500	50
6 000	3 000	53
7 000	3 500	55
8 000	4 000	57
9 000	4 500	60

解:(1)根据所给表格,按照线性插入法确定容许载重量为

$$Q = Q_1 + \frac{Q_2 - Q_1}{L_2 - L_1} \times (L - L_1)$$

$$= 45 + \frac{50 - 45}{5\,000 - 4\,000} \times (4\,280 - 4\,000)$$

$$= 46.4(\mathrm{t})$$

根据计算得出 N_{17AK} 地板负重面长度 4 280 mm 均布载荷最大容许载重量为 46.4 t,该货物重 46.5 t。所以该车集重,装载不合理。

(2)处理方法:根据线性插入法确定两横垫木中心线最小距离,在货物下铺设两根横垫木,两横垫木中心线最小距离 2 150 mm。

五、一车负重超长货物横垫木高度

(一)计算

横垫木的合理高度 $H_{垫}$ 可按下式计算：

$$H_{垫} = 0.031a + h_{车差} + f + 80 \quad (\text{mm})$$

式中 a——货物突出端至负重车最近轮轴轴心所在垂直平面的距离,mm;

$h_{车差}$——游车地板高度与负重车地板高度差,游车地板比负重车地板高时,取正值,反之取负值,mm;

f——货物突出端的挠度,mm。

注:若货物突出车端部分底部低于其支重面时,垫木高度还应加该突出部分低于货物支重面的尺寸;如果货物突出车端部分底部高于货物支重面时,垫木高度应减去货物突出车端部分高于货物支重面的尺寸。

(二)实例分析

【实例 2-4-6】有长方形匀重货物一件,货物重 35 t,长 15 000 mm,宽 2 300 mm,高 1 850 mm,使用 N17AK 型木地板平车一端突出车端装载,使用 N17AT 型平车一辆当游车(N17AK 平车长 13 000 mm,销距 9 000 mm,转向架固定轴距 1 750 mm,车地板高度为 1 211 mm,货件挠度为 30 mm,N17AT 车地板高度为 1 209 mm)。请计算横垫木的合理高度?(单位为 mm,计算结果保留一位小数)

答:根据 $H_{垫}=0.031a+h_{车差}+f+80$

$a=(15\,000-13\,000)+(13\,000-9\,000-1\,750)\div 2$

$=3\,125(\text{mm})$

游车地板比负重车地板低时，取负值。

$$H_{垫} = 0.031 \times 3\,125 - (1\,211 - 1\,209) + 30 + 80$$
$$\approx 205(\text{mm})$$

故横垫木高度为 205 mm。

六、货物转向架高度

$$H_{转} = a \times \tan\gamma + h_{车差} + f + 80 \quad (\text{mm})$$

1. 两车负重，两端或一端加挂游车时：

$$a = y_{端} + l_3$$
$$\tan\gamma = 0.031$$

式中　$y_{端}$——货物突出负重车端梁较长一端的长度，mm；

l_3——负重车车端至其最近轮轴轴心所在垂直平面间的距离，mm。

2. 两车负重，中间无游车时：

当 $y_{销} \leqslant 1.29 l_2$ 时，

$$a = l_2$$
$$\tan\gamma = \frac{0.04(l_1 + l_3)}{l_{支}}$$

当 $y_{销} > 1.29 l_2$ 时，

$$a = y_{销}$$
$$\tan\gamma = \frac{0.031(l_1 + l_3)}{l_{支}}$$

式中　$y_{销}$——货物超出货物转向架中心销外方的长度，mm；

l_1——货物转向架中心销至另一辆负重车相邻车端的距离，mm；

l_2——货物转向架中心销至其所在车辆内方车端的距离，mm；

$l_支$——跨装支距，mm。

3. 两车负重，中间有游车时：

$$a\times\tan\gamma=\left[0.04-\frac{0.04(l_1+l_3)-0.015(l_支-l_台-l_1-l_3)}{l_支}\right]l_1+0.04l_3$$

$$a\times\tan\gamma=\frac{0.031(l_支-l_2+l_3)y_销}{l_支}$$

取两者较大者计算。

式中　$l_台$——驼峰平台长度(两竖曲线切点之间的距离)，可按 10 000 mm 计算。

七、掩挡需要高度

(一)计算

1. 单独使用掩挡防止圆柱形、球形货物及轮式货物纵向滚动时，掩挡的需要高度可按下式计算：

$$h_掩\geqslant(0.3744-0.0018Q_总)D\quad(\text{mm})$$

式中　$Q_总$——重车总重，t；

D——货物的直径或轮径，mm。

2. 单独使用掩挡防止圆柱形、球形货物及轮式货物横向滚动时，掩挡的需要高度可按下式计算：

$$h_掩\geqslant0.08D\quad(\text{mm})$$

(二)实例分析

【实例 2-4-7】使用 70 t 平车装运圆柱形卷纸(直径为

1 200 m)，货车自重 22.9 t，卷纸重量 30 t。单独使用掩挡，在车内防止横向滚动时，掩挡的需要高度为多少？单独使用掩挡，防止在车内纵向滚动时，掩挡需要高度为多少？(单位为毫米(mm)，计算结果毫米以下进整)。

答：(1) $h_{掩} \geqslant 0.08D$　(mm)

式中　D——货物的直径或轮径，mm。

$h_{掩} \geqslant 0.08 \times 1\,200\ \text{mm} = 96\ \text{mm}$，掩挡需要的高度至少为 96 mm。

(2) $h_{掩} \geqslant (0.374\,4 - 0.001\,8\ Q_{总})D$　(mm)

式中　$Q_{总}$——重车总重，t；

D——货物的直径或轮径，mm。

$h_{掩} \geqslant [0.374\,4 - 0.001\,8 \times (22.9 + 30)] \times 1\,200 \approx 336$ (mm)，掩挡需要的高度至少 336 mm。

八、重车重心高度

(一)计算

重车重心高系指货物装车后，货物和车辆的总重心(即重车重心)至钢轨平面的高度，重车重心越高倾覆力矩越大，列车运行越不稳定；反之重车重心越低倾覆力矩越小，车辆走行越稳定。重车重心高超过 2 000 mm 时应限速运行，为了降低重车重心高，可以采取配重的方法。

1. 重车重心高度 H 的计算方法

(1)一车负重装载时：

$$H = \frac{Q_{车}\ h_{车} + Q_1 h_1 + Q_2 h_2 + \cdots + Q_n h_n}{Q_{车} + Q_1 + Q_2 + \cdots + Q_n}\quad (\text{mm})$$

式中　$Q_{车}$——货车自重，t；

$Q_1,Q_2,\cdots,Q_n$——每件货物重量，t；

$h_{车}$——空车重心自轨面起算的高度，mm；

$h_1,h_2,\cdots,h_n$——装车后每件货物重心自轨面起算的高度，mm。

(2)跨装时：

$$H=\frac{Q_{车1}h_{车1}+Q_{车2}h_{车2}+Qh}{Q_{车1}+Q_{车2}+Q}\quad(\mathrm{mm})$$

式中　$Q_{车1},Q_{车2}$——分别为两负重车自重，t；

$h_{车1},h_{车2}$——分别为两负重车空车重心自轨面起算的高度，mm；

Q——货物重量，t；

h——装车后货物重心自轨面起算的高度，mm。

2. 配重计算方法

(1)采取配重降低重车重心高度时，配重货物的起码重量 $Q_{配}$ 可按下式计算：

$$Q_{配}=\frac{Q_{总}(H-2000)}{2000-h_{配}}\quad(\mathrm{t})$$

式中　$Q_{总}$——货车自重与主货重量之和，t；

H——未配重前重车重心高度，mm；

$h_{配}$——配重货物装后，其重心自轨面起算的高度，mm。

(2)如果配重后货物总重心落在车辆纵中心线上，配重货物的重量或重心位置可按下式计算：

$$Q_{配} = \frac{Q_b}{b_{配}} \quad (\mathrm{t})$$

$$b_{配} = \frac{Q_b}{Q_{配}} \quad (\mathrm{mm})$$

式中　$Q_{配}$——配重货物的重量，t；

$b_{配}$——配重货物重心偏离车辆纵中心线的距离，mm；

Q——配重前的货物重量，t；

b——配重前货物重心偏离车辆纵中心线的距离，mm。

如果配重后货物总重心不能落在车辆纵中心线上，货物的总重心 $b_{横}$ 可按下式计算：

$$b_{横} = \frac{Q_b - Q_{配}\ b_{配}}{Q + Q_{配}} \quad (\mathrm{mm})$$

3. 运行限速基本规定

重车重心高度从钢轨面起，超过 2 000 mm 时应按表 2-4-10 的规定限速运行。限速运行时，由装车站以文电向铁路局集团公司请示，铁路局集团公司货运管理部门以电报批示，跨局运输则应同时抄给有关铁路局集团公司货运、运输、调度、机务、工务等有关部门。

表 2-4-10　运行限速表

重车重心高度 H/mm	运行限速/(km/h)	其中:通过侧向道岔/(km/h)
$2\,000 < H \leqslant 2\,400$	50	15
$2\,400 < H \leqslant 2\,800$	40	15
$2\,800 < H \leqslant 3\,000$	30	15

(二)实例分析

【实例 2-4-8】现有 40 t 均重货物一件,货物长 12 m、宽 3 m、高 3 m,拟用 N17AK 型 60 t 平车一辆装运。(车辆技术参数:N17AK 自重 19.7 t,车长 13 000 mm,销距 9 000 mm,车地板自轨面起高 1 211 mm,车辆重心高 723 mm。毫米以下四舍五入)

问:(1)计算重车重心高;

(2)若重车重心高超过规定高度,选用一件预计装车后由轨面起重心高为 1 650 mm 的货物配重,试确定配重货物重量。

答:(1)计算重车重心高

$$h_{货}=h+h_{垫}+h_{车地板}$$
$$=3\,000\div2+0+1\,211=2\,711(\text{mm})$$

$$H=(Q_{车}\ h_{车}+Q_{货}\ h_{货})/(Q_{车}+Q_{货})$$
$$=(19.7\times723+40\times2\,711)\div(19.7+40)$$
$$\approx2\,055(\text{mm})$$

2 055 mm>2 000 mm,重车重心高超过规定高度,需采取配重措施。

(2)确定配重货物重量

$$Q_{配}=Q_{总}(H-2\,000)/(2\,000-h_{配})$$
$$=(19.7+40)\times(2\,055-2\,000)\div(2\,000-1\,650)$$
$$\approx9.38(\text{t})$$

所以配重货物最小重量为 9.38 t,但最大不得超过 60−40=20(t)。

九、加固强度

（一）计算

1. 运输过程中作用于货物上的各种力（$v \leqslant 120$ km/h，调车连挂速度$\leqslant 5$ km/h）

（1）纵向惯性力

$$T = t_0 \times Q \quad (\text{kN})$$

式中　t_0——每吨货物的纵向惯性力，kN/t；

Q——货物重量，t。

①采用刚性加固时：

$$t_0 = 26.69 - 0.13Q_{总} \quad (\text{kN/t})$$

其中　$Q_{总}$——重车总重，t；当 $Q_{总} > 130$ t 时，按 130 t 计算。

②采用柔性加固时：

$$t_0 = 0.0012Q_{总}^2 - 0.32Q_{总} + 29.85 \quad (\text{kN/t})$$

其中　$Q_{总}$——重车总重，t；跨装运输时，按跨装车组总重计算。

当 $130\ \text{t} < Q_{总} \leqslant 150$ t 时，$t_0 = 6.78$ kN/t；

当 $Q_{总} > 150$ t 时，$t_0 = 5.88$ kN/t。

（2）横向惯性力

$$N = n_0 \times Q \quad (\text{kN})$$

式中　n_0——每吨货物的横向惯性力，kN/t；

Q——货物重量，t。

$$n_0 = 2.82 + 2.2\frac{a}{l} \quad (\text{kN/t})$$

其中 a——货物重心偏离车辆横中心线的距离，mm；跨装时，为货物转向架中心销偏离车辆横中心线的距离，mm；

l——负重车转向架中心距（具有多层转向架群的货车为底架心盘中心距），mm。

(3)垂直惯性力

$$Q_{垂} = q_{垂} \times Q \quad (\text{kN})$$

式中 $q_{垂}$——每吨货物的垂直惯性力，kN/t；

Q——货物重量，t。

①使用敞车和普通平车装载时：

$$q_{垂} = 3.54 + 3.78 \frac{a}{l} \quad (\text{kN/t})$$

其中 a——货物重心偏离车辆横中心线的距离，mm；跨装时，为货物转向架中心销偏离车辆横中心线的距离，mm；

l——负重车转向架中心距，mm。

②使用长大货物车装载时：

$$q_{垂} = 4.53 + 7.84 \frac{a}{l} \quad (\text{kN/t})$$

(4)风力

$$W = qF \quad (\text{kN})$$

式中 q——侧向计算风压；受风面为平面时，$q=0.49\ \text{kN/m}^2$，受风面为圆球体或圆柱体侧面时，$q=0.245\ \text{kN/m}^2$；

F——侧向迎风面的投影面积，m^2。

(5)摩擦力

纵向摩擦力：$F_{摩}^{纵} = 9.8\mu Q$　(kN)

横向摩擦力：$F_{摩}^{横} = \mu(9.8Q - Q_{垂})$　(kN)

式中　Q——货物重量，t；

$Q_{垂}$——货物的垂直惯性力，kN；

μ——摩擦系数，按表 2-4-11 取值。

表 2-4-11　铁路货物常用摩擦系数表

物体名称	摩擦系数
木与木	0.45
木与钢板	0.40
木与铸钢	0.60
钢板与钢板	0.30
履带走行机械与车辆木地板	0.70
橡胶轮胎与车辆木地板	0.63
橡胶垫与木	0.60
橡胶垫与钢板	0.50
稻草绳把与钢板	0.50
稻草绳把与铸钢	0.55
稻草垫与钢板	0.44
草支垫与钢板	0.42

2. 货物稳定性

(1)货物倾覆的稳定系数

在纵向：$\eta = \dfrac{9.8Qa}{Th}$

在横向：$\eta = \dfrac{9.8Qb}{Nh + Wh_{风}}$

式中　Q——货物重量，t；

a——货物重心所在横向垂直平面至货物倾覆点之间的距离，mm；

b——货物重心所在纵向垂直平面至货物倾覆点之间的距离，mm；

T——货物的纵向惯性力，kN；

N——货物的横向惯性力，kN；

h——货物重心自倾覆点所在水平面起算的高度，mm；

W——作用于货物上的风力，kN；

$h_{风}$——风力合力作用点自倾覆点所在水平面起算的高度，mm。

当倾覆稳定系数小于 1.25 时，需要采取加固措施。

(2)货物水平移动的稳定性

如果货物的纵向惯性力大于纵向摩擦力或横向惯性力与风力之和的 1.25 倍大于横向摩擦力，则应采取加固措施防止货物移动。加固材料应承受的纵向或横向力可按下式计算：

在纵方向：$\Delta T = T - F^{纵}_{摩}$　(kN)

在横方向：$\Delta N = 1.25(N + W) - F^{横}_{摩}$　(kN)

(3)货物滚动的稳定系数

圆柱形、球形货物及轮式货物，使用三角挡或掩木加固后，滚动稳定系数可按下式计算：

在纵方向：$\eta = \dfrac{9.8Qa}{T(R - h_{掩})}$

在横方向：$\eta = \dfrac{9.8Qb}{(N + W)(R - h_{掩})}$

式中　a,b——货物重心所在横向或纵向垂直平面至三角挡（或掩木）与货物接触点之间距离，mm；

R——货物或轮子半径，mm；

$h_{掩}$——掩木或三角挡与货物接触点自货物或轮子最低点所在水平面起算的高度，mm。

如果稳定系数小于1.25，表明所使用的掩木或三角挡高度不够，应同时采用其他加固措施。

3. 加固强度计算

（1）采用对称拉牵加固时，每根拉牵绳拉牵位置如图2-4-3所示。

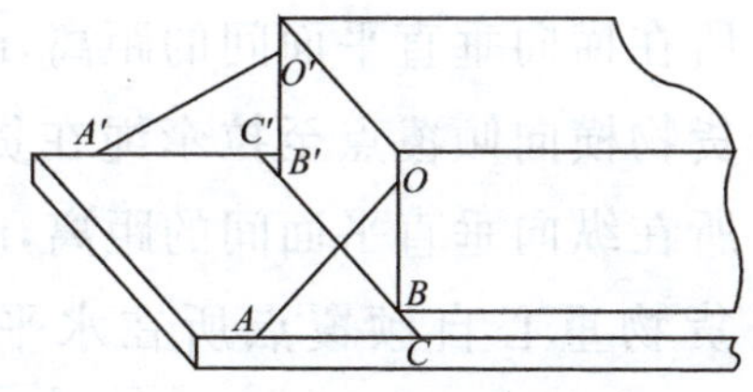

图2-4-3　对称拉牵加固拉牵绳拉牵位置

O—拉牵绳在货物上的拴结点；

B—O点在车地板上的投影；

BC—O点所在纵向垂直平面至车辆边线的距离；

A—拉牵绳在车辆上的拴结点

当同一方向有 n 根拉牵绳时，每根应承受的拉力可按下式计算：

防止纵向移动时：

$$S_{纵移}=\frac{\Delta T}{nAC}\sqrt{AC^2+BO^2+BC^2}\quad (\mathrm{kN})$$

防止横向移动时：

$$S_{横移}=\frac{\Delta N}{nBC}\sqrt{AC^2+BO^2+BC^2}\quad (\mathrm{kN})$$

防止纵向倾覆时：

$$S_{纵倾}=\frac{1.25Th-9.8Qa}{n(l_{纵}+AC)BO}\sqrt{AC^2+BO^2+BC^2}\quad (\mathrm{kN})$$

防止横向倾覆时：

$$S_{横倾}=\frac{1.25(Nh+Wh_{风})-9.8Qb}{n(l_{横}+BC)BO}\sqrt{AC^2+BO^2+BC^2}\quad (\mathrm{kN})$$

式中 $l_{纵}$——货物纵向倾覆点至拉牵绳在货物上拴结点所在横向垂直平面间的距离，mm；

$l_{横}$——货物横向倾覆点至拉牵绳在货物上拴结点所在纵向垂直平面间的距离，mm；

h——货物重心自倾覆点所在水平面起算的高度，mm；

$h_{风}$——风力合力作用点自倾覆点所在水平面起算的高度，mm。

每根拉牵绳应承受的力：

$$S\geqslant \max\{S_{纵移},S_{横移},S_{纵倾},S_{横倾}\}$$

选用钢丝绳拉牵时，钢丝绳的破断拉力不得小于

2S。选用镀锌铁线或盘条拉牵时，每根拉牵绳需要股数为：

$$n = \frac{S}{0.9P_{许}} \quad (股)$$

式中　$P_{许}$——一股镀锌铁线或盘条的许用拉力，kN。

(2)采用非对称拉牵加固时，每根拉牵绳拉牵位置如图 2-4-4 所示。

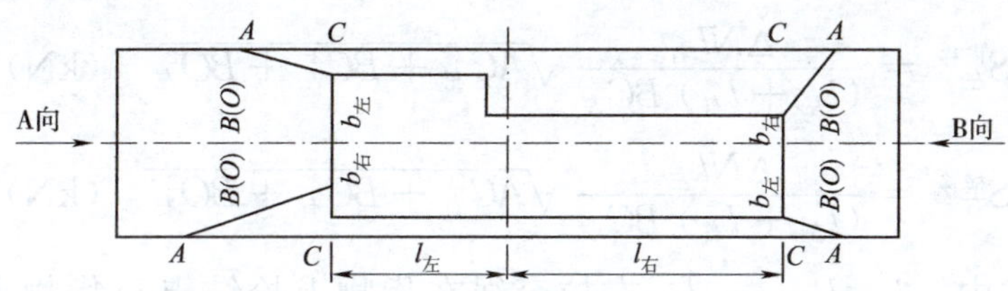

图 2-4-4　非对称拉牵加固拉牵绳拉牵位置

防止货物纵向移动时，左、右拉牵绳的拉力 $S_{左}^{纵移}$ 及 $S_{右}^{纵移}$ 可按下式计算：

$$S_{左}^{纵移} = \frac{\Delta T b_{右}}{(b_{左} + b_{右}) AC_{左}} \sqrt{AC_{左}^2 + BC_{左}^2 + BO_{左}^2} \quad (\text{kN})$$

$$S_{右}^{纵移} = \frac{\Delta T b_{左}}{(b_{左} + b_{右}) AC_{右}} \sqrt{AC_{右}^2 + BC_{右}^2 + BO_{右}^2} \quad (\text{kN})$$

式中　$b_{左}$，$b_{右}$——A 方向或 B 方向两侧左、右拉牵绳在货物上拴结点至货物重心所在纵向垂直平面的距离，mm；

$AC_{左}$，$AC_{右}$——左、右拉牵绳在货物上拴结点所在横向垂直平面分别至车辆上拴结点之间的距离，mm；

$BC_{左}$，$BC_{右}$——左、右拉牵绳在货物上拴结点所在纵向垂直平面分别至车辆边线的距离，mm；

$BO_{左}$，$BO_{右}$——左、右拉牵绳在货物上拴结点自车地板面起算的高度，mm。

防止货物横向移动时，左、右拉牵绳的拉力 $S_{左}^{横移}$ 及 $S_{右}^{横移}$ 可按下式计算：

$$S_{左}^{横移} = \frac{\Delta N l_{右}}{(l_{左} + l_{右}) BC_{左}} \sqrt{AC_{左}^2 + BC_{左}^2 + BO_{左}^2} \quad (\mathrm{kN})$$

$$S_{右}^{横移} = \frac{\Delta N l_{左}}{(l_{左} + l_{右}) BC_{右}} \sqrt{AC_{右}^2 + BC_{右}^2 + BO_{右}^2} \quad (\mathrm{kN})$$

式中　$l_{左}$，$l_{右}$——左、右拉牵绳在货物上拴结点至货物重心所在横向垂直平面的距离，mm。

每根拉牵绳应承受的力：

$$S \geqslant \max\{S_{左}^{纵移}, S_{右}^{纵移}, S_{右}^{横移}, S_{左}^{横移}\}$$

当同一方向有 n 根拉牵绳时，在计算防止货物纵向移动需要拉牵绳承受的拉力时，$b_{左}$ 及 $b_{右}$ 应分别取同一方向上左侧或右侧各拉牵绳在货物上拴结点至货物重心所在纵向垂直平面距离的平均值；BO、BC 取较大者，AC 取较小者。在计算防止货物横向移动需要拉牵绳承受的拉力时，$l_{左}$、$l_{右}$ 应分别取同一方向左侧或右侧各拉牵绳在货物上拴结点至货物重心所在横向垂直平面距离的平均值；BC 取较小者，BO、AC 取较大者。上述数值中最大者为每根拉牵绳应能承受的拉力。

(3)腰箍加固时，每道腰箍应承受的力

①顺装圆柱形货物，用 n 道腰箍加固时，每道应承受的力：

防止纵向或横向移动时：

$$P_{移} = \frac{\max\{\Delta T \Delta N\}}{2n\mu\cos\gamma} \quad (\text{kN})$$

防止横向滚动时：

$$P_{滚} = \frac{1.25(N+W)(R-h_{掩}-h_{凹})-9.8Qb}{2nb\cos\gamma} \quad (\text{kN})$$

既防止货物移动，又防止滚动，每道腰箍应承受的拉力：

$$P \geqslant \max\{P_{移}, P_{滚}\} \quad (\text{kN})$$

式中　μ——货物与横垫木、横垫木与车地板或货物与车地板间的摩擦系数，取其较小者；

n——腰箍的道数；

$h_{掩}$——掩木或三角挡与货物接触点的高度，mm；

R——货物的半径，mm；

$h_{凹}$——横垫木或鞍座凹部深度，mm；

Q——货物重量，t；

b——货物重心所在纵向垂直平面至货物与掩木或三角挡接触点之间的距离，mm；

γ——腰箍两端拉直部分与车辆纵向垂直平面间的夹角。

用钢丝绳作腰箍时，钢丝绳的破断拉力不得小于 $2P$。用扁钢带作腰箍时，扁钢带的截面积：

$$F \geqslant \frac{10P}{[\sigma]} \quad (\text{cm}^2)$$

式中 $[\sigma]$——扁钢带的许用应力,MPa。

②箱形货物用 n 道腰箍加固时,每道需要承受的力:

防止纵向或横向移动时:

$$P_{移}=\frac{\max\{\Delta T\Delta N\}}{2n\mu\cos\gamma}\quad(\text{kN})$$

防止纵向倾覆时:

$$P_{纵倾}=\frac{1.25Th-9.8Qa}{2(l_1+l_2+\cdots+l_n)\cos\gamma}\quad(\text{kN})$$

防止横向倾覆时:

$$P_{横倾}=\frac{1.25(Nh+Wh_{风})-9.8Qb}{nB\cos\gamma}\quad(\text{kN})$$

式中 a,b——货物重力的稳定力臂,mm;

$l_1,l_2,\cdots,l_n$——每道腰箍所在横向垂直平面至货物纵向倾覆点之间的距离,mm;

B——货物的宽度,mm。

既防止移动又防止倾覆,每道腰箍应承受的力:

$$P\geqslant\max\{P_{移},P_{纵倾},P_{横倾}\}\quad(\text{kN})$$

一般采用钢丝绳作腰箍,钢丝绳的破断拉力不得小于 $2P$。

(4)采用焊接加固时,焊缝的需要长度

使用铁地板长大货物车装载,在货物两端或两侧焊接钢挡时,同一方向钢挡的焊缝长度 l 可按下式计算:

防止纵向移动时:

$$l_{纵}=\frac{10\Delta T}{0.7K[\tau]}\quad(\text{cm})$$

防止横向移动时：

$$l_{横} = \frac{10\Delta N}{0.7K[\tau]} \quad (cm)$$

式中 K——焊缝高度，cm；

$[\tau]$——焊缝的许用剪切应力，MPa。

（二）实例分析

【实例 2-4-9】一件长 9.5 m，直径 3 300 mm，重 27 t 的均重货物，拟使用 N_{17T} 型平车一辆均衡装载。计划采用单股钢丝绳 4 道，腰箍下压式加固，计算钢丝绳直径。（货车自重 19.5 t，自带钢质座架并与货物固定在一起，座架凹部高度 300 mm，木与钢板的摩擦系数为 0.40，$\cos\gamma=1$）

答：$Q_{总}=19.5+27=46.5$(t)

（1）纵向惯性力：钢丝绳为柔性加固

$$\begin{aligned} T &= t_0 \times Q \\ &= (0.0012Q_{总}^2 - 0.32Q_{总} + 29.85) \times Q \\ &\approx 474.25(\text{kN}) \end{aligned}$$

（2）横向惯性力：

$$\begin{aligned} N &= n_0 \times Q \\ &= \left(2.82 + 2.2\frac{a}{l}\right) \times Q \\ &= 2.82 \times 27 = 76.14(\text{kN}) \end{aligned}$$

（3）垂直惯性力：

$$\begin{aligned} Q_{垂} &= q_{垂} \times Q \\ &= \left(3.54 + 3.78\frac{a}{l}\right) \times Q \end{aligned}$$

$= 3.54 \times 27 = 95.58(\text{kN})$

(4)风力：$W = qF = 0.245 \times (9.5 \times 3.3) \approx 7.68(\text{kN})$

(5)摩擦力：

纵向摩擦力 $F_{纵摩} = 9.8\mu Q = 9.8 \times 0.4 \times 27 = 105.84(\text{kN})$

横向摩擦力 $F_{横摩} = \mu(9.8Q - Q_{垂}) = 0.40 \times (9.8 \times 27 - 95.6) = 67.6(\text{kN})$

验算座架凹部高度：

掩挡的需要高度 $h_{掩} = 0.08D = 0.08 \times 3\,300 = 264(\text{mm})$。

座架凹部高度符合要求，货物不能发生横向滚动。

货物水平移动的稳定性：

在纵方向：$\Delta T = T - F_{纵摩} = 474.25 - 105.84 = 368.41(\text{kN})$

在横方向：$\Delta N = 1.25(N + W) - F_{横摩} = 1.25 \times (76.14 + 7.68) - 67.61 \approx 37.17(\text{kN})$

横、纵向均有移动的可能。

防止纵向或横向移动时，每道腰箍应承受的力：

$$
\begin{aligned}
P_{移} &= \max\{\Delta T, \Delta N\}/2n\mu\cos\gamma \\
&= 368.41 \div (2 \times 4 \times 0.4 \times 1) \\
&\approx 115.13(\text{kN})
\end{aligned}
$$

应选用许用拉力不小于 115.13 kN 的钢丝绳，查表知，钢丝绳直径不得小于 22 mm。

第三章　装载加固方案管理

第一节　概　　述

一、按方案装车定义

按方案装车是指装车站受理的成件货物，使用铁路敞车、平车、长大货物车及敞、平车类专用货车装运的，必须严格按该货物的装载加固定型方案、暂行方案或试运方案装车。

发生下列情况之一，均属于不按方案装车：

1. 货物品名、货物规格、准用货车（车种、车型）、加固材料（装置）、装载方法和加固方法中有任何一项与货物装载加固方案不相符。

2. 使用未经审批的计划装载加固方案装车。

3. 使用已过有效期限和超出使用范围的货物装载加固方案装车。

二、装载加固方案分类

铁路货物装载加固方案分为装载加固定型方案（简称定型方案）、装载加固暂行方案（简称暂行方案）和装载加固试运方案（简称试运方案）。

铁路局集团公司装载加固暂行方案分为年度暂行方案和长期暂行方案。

(一)定型方案

国铁集团货运部负责定型方案的补充、优化管理工作。

(二)年度暂行方案

1. 编号方法：

货运部审批的方案编号为“广铁 Z 年度-顺序号”，货运站段审批的方案编号为“货运站段简称 Z 年度-顺序号”，如：广铁 Z2016-001。“年度”为批准年度时间，4 位数；“顺序号”为 3 位数，须连续使用。

各货运站段简称按单位发文简称办理。

2. 年度暂行方案有效期不超过 12 个月，不跨年。

(三)长期暂行方案

1. 编号方法

铁路局集团公司长期暂行方案编号方法如“广铁 C 编码-年度”。“编码”按定型方案编号办法；“年度”为批准年度时间，4 位数。如果长期暂行方案有优化，则需重新编号(编码不变，年度改变)。

2. 长期暂行方案增补申请

货运站段应于每年 11 月 15 日前提出增补长期暂行方案申请，申请增补为长期暂行方案的应是符合《加规》和集团细则规定、货运站段管内组织装运过、经实践检验安全可靠、方案内容(格式、表述、制图、计算说明书或论证试验报告)符合要求的年度暂行方案；货运站段应同时提供执行方案的主要装车站、近 3 年的装车总数和执行简况以备核查。

3. 长期暂行方案和定型方案一样，长期有效。

（四）试运方案

1. 论证和试验程序

（1）铁路局集团公司会同托运人组织提出方案论证报告和试验大纲，内容应包括：试运事项名称、目的、技术经济可行性研究结论，拟采用的装载加固方法，计算和论证报告，静、动强度试验和运行试验方案，试验方法与手段，评判依据与标准，试运承担单位安全责任划分，安全应急预案等。铁路局集团公司在审核相关技术资料齐全、准确后，以局函（电）报国铁集团货运部。

（2）国铁集团货运部组织专家对方案论证报告和试验大纲进行审查。铁路局集团公司组织研制单位按审查要求改进，国铁集团货运部印发审查意见。

（3）铁路局集团公司组织按审查通过的试验大纲进行试验，完成后形成试验报告。

（4）国铁集团组织专家对试验报告进行审查，审查通过后准许试运。

2. 管理要求

（1）试运方案不跨年度。试运方案编号由试运标识、试运年份和顺序代码组成。如：SY（SYC）2015-01，SY 表示的是试运方案，SYC 表示的是试运材料；2015 年执行时的顺号为 01。

（2）铁路局集团公司组织装车站按批准的试运方案

组织试运。

(3)各装车站应严格控制和掌握试运方案的试运范围，未经国铁集团批准，任何单位不得扩大试运范围。

(4)装车站要建立试运方案管理台账，对试运方案从严掌握，装后对货物装载加固状态进行影像留存，并在货物运单“承运人记载事项”栏和货票“记事”栏内记明方案编号；装车铁路局集团公司要组织提出按试运方案装车的货物装载加固状况检查重点表，随同货物运单、货票一同寄送到站；到站要按照检查重点表内容进行重点检查和确认，并留存备查；到站、中途站发现问题时，除按规定处理外，同时向国铁集团及发送铁路局集团公司、发站拍发电报，电报中应记明以下事项：发站、到站、装车单位、承运日期、方案编号、存在的问题、处理情况等。未拍发电报的，追究到站或中途站责任。

国铁集团货运部和装车铁路局集团公司对试运过程中出现严重安全隐患的，应予立即停止试运、分析原因，整改到位后可继续试运。

(5)每年年底前，装车铁路局集团公司应将试运总结(装车量，装车过程或到站、中途站发现的主要问题及解决措施)和下一步运用建议以局函(电)报国铁集团。试运满1年后且能证明试运效果良好的，可提出扩大试运范围申请。对匿报、谎报试运问题并经查实的，予以通报批评；情节严重的，取消其试运资格。

(6)试运方案的连续试运期限一般不超过3年。试运到期后，装车铁路局集团公司组织将整体试运情况(包括试运方案自执行以来的装车量、试运效果、试运过程的主要问题及解决措施、主要托运人评价、主要到站提供的试运方案执行情况良好证明等材料)，以及下一步运用建议以局函(电)报国铁集团货运部。国铁集团货运部组织专家审查后，将安全可靠的方案纳入定型方案管理。

三、装载加固方案内容

装载加固方案应包括货物规格、准用货车、装载加固材料(装置)、装载方法、加固方法、其他要求等内容。

第二节　申报审批流程

一、托运人

托运人申报装载加固暂行方案，应填写“货物装载加固暂行方案申报/审批表”(附录 1-3)，提供货物外形尺寸或三视图(以“＋”符号注明货物重心位置)、单件重量、计划装载加固方案(同时提供加固强度计算说明)以及货物和运输安全的特殊要求。属超长、超限、超重货物和机械设备的，还需提供以下资料：

1. 货物重量证明。

2. 货物支重面长度和宽度。

3. 货物可加固拴结点位置。

4. 无包装的机械货物，提供货物的活动部位(部件)情况和对活动部位的加固措施。

5. 必要时提供货物照片。

托运人提供的计划装载加固方案应符合《加规》装载加固定型方案表述格式。同时托运人应在暂行方案审批表和所提供的资料上盖章和签字(托运人是个人的应提供其身份证复印件),对填写内容和提供资料的真实性负完全责任。

二、装车站

装车站收到托运人方案申报资料后,应及时审核。资料齐全,符合要求的,填写审批表,在计划装载加固方案和审批表上写明审核意见并由车间加盖公章,逐级申报。

货运站段审批的方案,申报流程为:车间→货运站段。

集团公司货运部审批的方案,申报流程为:车间→货运站段→集团公司货运部。

各级审核、审批单位应认真审核方案申报资料,确保暂行方案符合《加规》规定。

三、货运站段

货运站段收到车间上报的方案申报资料后,经审核符合规定,属于货运站段审批的,给予方案编号并加盖审批专用章;属于货运部审批的,签署审核意见,加盖审核专用章上报货运部,同时将方案的电子版上报货运部。

第三节 申报审批权限

国铁集团货运部负责定型方案的补充、优化和试运方案的审批管理工作，铁路局集团公司货运部和站段货运主管部门负责暂行方案的审批管理工作。

暂行方案审批权限：

1. 货运站段审批：使用敞车装运、件重不足5 t的成件货物（卷钢、铝卷等金属卷除外）的年度暂行方案。

2. 货运部审批：前款规定以外的其他货物和卷钢、铝卷等金属卷的年度暂行方案；长期暂行方案。

货运部审批的暂行方案适用范围为铁路局集团公司管内各装车站和托运人，各货运站段审批的暂行方案适用范围为各货运站段管内各装车站和托运人。

第四节 特殊规定

一、替换材料

各类装载加固方案执行时，确需替换加固材料的，所用加固材料需符合《加规》附件5的规定，其强度不低于原方案加固材料的强度。

货运站段审批的方案，需要替换加固材料时，须向货运站段提出书面申请；定型方案和货运部审批的方案，需要替换加固材料时，须向货运部提出书面申请，经同意后方可实行。

试运方案的试运材料不得替换使用。

二、装车质量检查签认制度

（一）实施对象

按方案装车的货物实行装车质量检查签认制度。

（二）签认人

装运按方案装车的货物填写“按方案装车货物装车质量签认单”（附录1-4），主控人为装车货运员，互控人为货运值班员、安全员或装载加固主管人员。大件货物还需货运管理人员签认。

（三）作业要求

1. 专用线、专用铁路内装运钢材类、轨枕和有色金属锭等货物时，由货运站段与企业商定货物装车质量签认要求以及交接检查内容，并报货运部备案。

2. “方案装车货物装车质量签认单”应按检查签认要求随货物作业流程到作业岗位。签认的主控人、互控人和货运管理人员应严格按规定进行现场检查签认，并对检查签认的真实性负责，签认完毕后方可制票。

3. 按方案装车的货物，装车后必须对货物装载加固实际情况进行拍照或录像。照片或录像应能反映该货物装载加固的全貌、两端、两侧和关键部位情况，同时签认人员在所装车辆的车号旁拍照或录像存查。

4. 按方案装车货物装车质量签认单和照片录像须保存三个月。

5. 卷钢的装车质量检查签认按要求执行，超限超重货物装车质量检查签认按国铁集团和铁路局集团公司规定执行。

(四)卷钢途中签认

货检站应重点监控卷钢的装载加固状态，建立卷钢车途中检查质量签认制度，填写“卷钢装载加固质量签认单(途中检查站)”(附录 1-5)。

途中发现卷钢车超偏载报警或装载加固状态不良时，必须现场核实处理并拍照，拍发电报通知发站。管内发站应及时配合中途站共同处理，整理后必须符合装载加固方案要求才能继续挂运。

三、方案选用

各装车站选用装载加固定型方案和铁路局集团公司装载加固暂行方案时，在货物规格、准用货车、装载加固材料(装置)、装载方法、加固方法等与方案一致的情况下，发现方案与《加规》有冲突时，应重新申报方案。

第四章　超限超重货物运输

第一节　超限等级确定

一、各限界

(一)机车车辆限界基本轮廓图

机车车辆限界基本轮廓如图 4-1-1 所示。

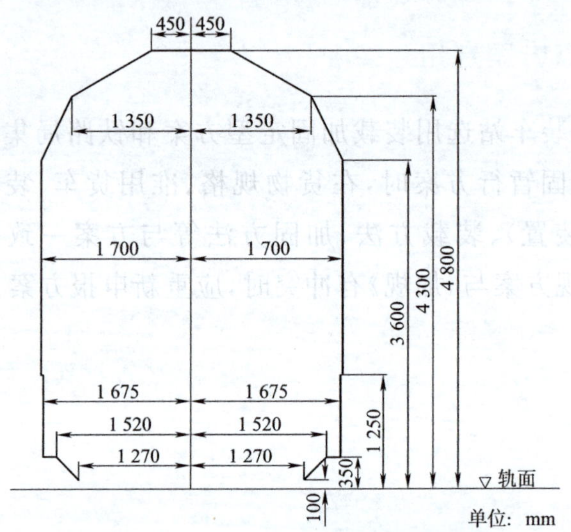

图 4-1-1　机车车辆限界基本轮廓图

注：图 4-1-1 辅助记忆部位法则：当货物装载高度在 3 600～4 300 mm 之间时，相应高度处的机车车辆限界半宽为(7 000－装载高度)÷2；当货物装载高度在 4 300～4 800 mm 之间时，相应高度处的机车车辆限界半宽为(5 050－装载高度)×1.8。

（二）一级超限限界

一级超限限界如图 4-1-2 所示。

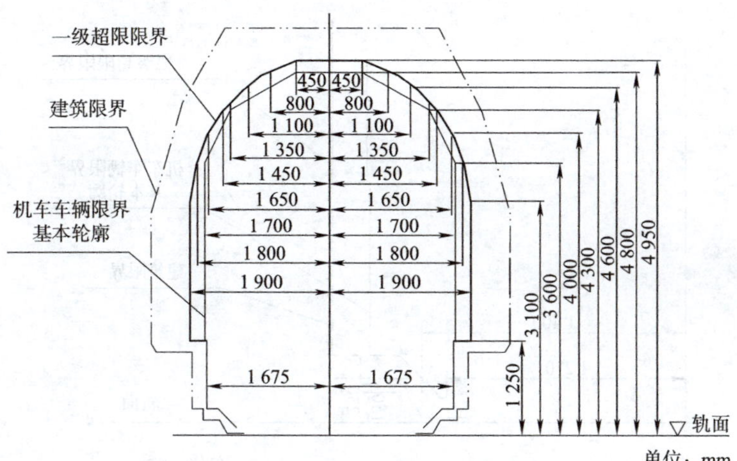

图 4-1-2 一级超限限界

（三）二级超限限界

二级超限限界如图 4-1-3 所示。

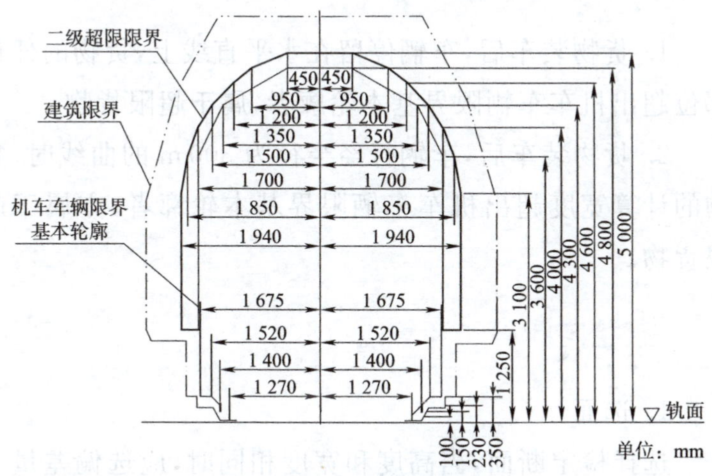

图 4-1-3 二级超限限界

(四)二级超限限界下部限界

二级超限限界下部限界如图 4-1-4 所示。

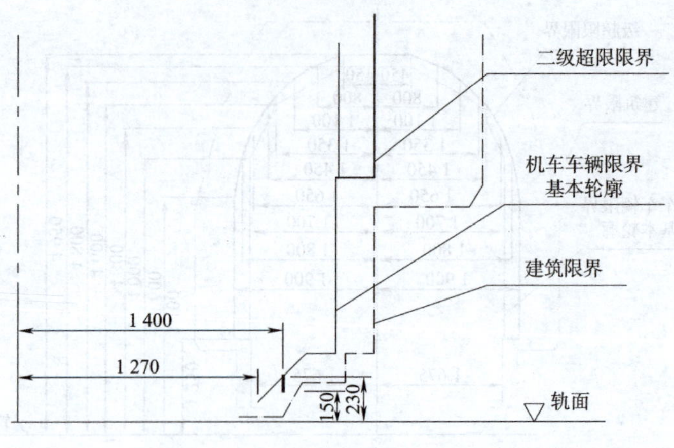

图 4-1-4　二级超限限界下部限界

二、超限货物判定标准

1. 货物装车后,车辆停留在水平直线上,货物的任何部位超出机车车辆限界基本轮廓者,属于超限货物。

2. 货物装车后,车辆行经半径为 300 m 的曲线时,货物的计算宽度超出机车车辆限界基本轮廓者,亦属于超限货物。

三、检定断面和计算点

1. 选面

选择检定断面,当高度和宽度相同时,应选偏差量大的检定断面。

在两转向架中心销之间，应选近（靠近货车横中心线）不选远；在两转向架中心销外方，应选远（距转向架中心销）不选近。

2. 计算点

标出需要计算的点，在检定断面上标出不同高度、不同宽度的点。一般情况下，可以结合以下三点，确定计算点。

（1）在等宽条件下，计算点在 1 250 mm 以上时，标高不标低，不足 1 250 mm 时，标低不标高。

（2）在等高条件下，标外不标里（外、里针对车辆纵中心线所在垂直平面）。

（3）当高度和宽度相同时，应选偏差量大的点。

四、货物偏差量及附加偏差量

货物偏差量为当货物经过曲线时车辆纵中心线在货物检定断面处偏离线路中心线的距离，分为内偏差和外偏差。

当货物为等断面体时，只需计算 $C_{内}$ 或 $C_{外}$。若 $\frac{2x}{l} \leqslant 1.4$ 时，计算 $C_{内}$；若 $\frac{2x}{l} > 1.4$ 时，计算 $C_{外}$。货物长度较小时，计算 $C_{内}$，选用销距较小的车辆可以降低超限程度；货物长度较长时，计算 $C_{外}$，选用销距较大的车辆可以降低超限程度。

（一）货物内偏差量

货物的检定断面位于装载车两转向架中心销之间的任何部位时，产生内偏差，以“$C_{内}$”表示，当货物的检定断面离装载车两转向架中心销之间的中央部位越近产生的内偏差越大。

1. 用一辆六轴及以下货车装载时，$C_内$公式为

$$C_{内}=\frac{l^2-(2x)^2}{8R}\times 1000 \quad (\mathrm{mm})$$

式中 l——车辆转向架中心距，m；

x——货物检定断面至车辆横中心线的距离，m；

R——曲线半径，m。

2. 用普通平车跨装时，公式为

$$C_{内}=\frac{L^2+l^2-(2a)^2-(2x)^2}{8R}\times 1000 \quad (\mathrm{mm})$$

式中 L——跨装支距，m；

l——负重车的转向架中心距，m；

a——货物转向架中心销偏离所在车辆横中心线的距离，m；

x——货物检定断面至跨装支距中心的距离，m。

3. 用六轴以上长大货物车装载时，公式为

$$C_{内}=\frac{L_1^2+\cdots+L_n^2-(2x)^2}{8R}\times 1000 \quad (\mathrm{mm})$$

式中 $L_1,\cdots,L_n$——分别为长大货物车由上向下各层底架心盘中心距，m；其中 n 为长大货物车底架层数；

x——货物检定断面至车辆横中心线的距离，m。

注：用具有导向装置的长大货物车装载时，$C_内$ 根据车辆使用说明书计算。

（二）货物外偏差量及附加偏差量

货物的检定断面位于装载车两转向架中心销外方货物的任何部位时，产生外偏差，以“$C_{外}$”表示，当货物的检定断面离装载车两转向架中心销外方的端部越近产生的外偏差越大。

附加偏差量时当车辆行走部分游间和曲线处轨距加宽所产生的附加偏差量。此值仅在计算外偏差量时才计算，用符号“K”表示。

1. 用一辆六轴及以下货车装载时，$C_{外}$ 公式为

$$C_{外}=\frac{(2x)^2-l^2}{8R}\times 1\,000 \quad (\text{mm})$$

式中　l——车辆转向架中心距，m；

x——货物检定断面至车辆横中心线的距离，m；

R——曲线半径，m。

K 公式为

$$K=75\left(\frac{2x}{l}-1.4\right) \quad (\text{mm})$$

注：当 $\frac{2x}{l}\leqslant 1.4$ 时不计算。

2. 用普通平车跨装时，公式为

$$C_{外}=\frac{(2x)^2-L^2-l^2+(2a)^2}{8R}\times 1\,000 \quad (\text{mm})$$

式中　L——跨装支距，m；

l——负重车的转向架中心距，m；

a——货物转向架中心销偏离所在车辆横中心线的距离，m；

x——货物检定断面至跨装支距中心的距离，m。

K 公式为

$$K = 75\left(\frac{2x}{L} - 1.4\right) \quad (\text{mm})$$

注：当 $\frac{2x}{L} \leqslant 1.4$ 时不计算。

3. 用六轴以上长大货物车装载时，公式为

$$C_{外} = \frac{(2x)^2 - L_1^2 - \cdots - L_n^2}{8R} \times 1\,000 \quad (\text{mm})$$

式中 $L_1, \cdots, L_n$——分别为长大货物车由上向下各层底架心盘中心距，m；其中，n 为长大货物车底架层数；

x——货物检定断面至车辆横中心线的距离，m。

K 公式为

$$K = 75\left(\frac{2x}{L_1} - 1.4\right) \quad (\text{mm})$$

注：当 $\frac{2x}{L_1} \leqslant 1.4$ 时不计算。

五、确定计算宽度

(一)用一辆六轴及以下货车装载时

1. 当货物的检定断面位于车辆两心盘中心之间时，其计算公式为

$$X_{内} = B + C_{内} - 36 \quad (\text{mm})$$

2. 当货物的检定断面位于车辆两心盘中心外方时，

其计算公式为

$$X_{外} = B + C_{外} + K - 36 \quad (mm)$$

（二）用普通平车跨装时

1. 当货物的检定断面位于两货物转向架中心销之间时，其计算公式为

$$X_{内} = B + C_{内} - 36 \quad (mm)$$

2. 当货物的检定断面位于两货物转向架中心销外方时，其计算公式为

$$X_{外} = B + C_{外} + K - 36 \quad (mm)$$

（三）用六轴以上长大货物车装载时

1. 当货物的检定断面位于大底架两心盘中心之间时，其计算公式为

$$X_{内} = B + C_{内} - 36 \quad (mm)$$

2. 当货物的检定断面位于大底架两心盘中心外方时，其计算公式为

$$X_{外} = B + C_{外} + K - 36 \quad (mm)$$

式中　B——实测宽度，即，货物检定断面的计算点至车辆纵中心线所在垂直平面的距离，mm；

$C_{内}$——货物检定断面处的内偏差量；

$C_{外}$——货物检定断面处的外偏差量；

K——附加偏差量。

六、确定计算点高度

计算点高度一般包括车地板高度、垫木高度以及计算点至货物支重面的高度，即：$H = h_{车} + h_{垫} + h_{货}$。

当一车负重超长货物，横垫木的合理高度 $h_{垫}$ 可按下式计算：

$$H_{垫} = 0.031a + h_{车差} + f + 80 \quad (\mathrm{mm})$$

式中 a——货物突出端至负重车最近轮轴轴心所在垂直平面的距离，mm；

$h_{车差}$——游车地板高度与负重车地板高度差，游车地板比负重车地板高时，取正值，反之取负值，mm；

f——货物突出端的挠度，mm。

注：若货物突出车端部分底部低于其支重面时，垫木高度还应加该突出部分低于货物支重面的尺寸；如果货物突出车端部分底部高于货物支重面时，垫木高度应减去货物突出车端部分高于货物支重面的尺寸。

七、超限等级确定

在《超规》附件 4“机车车辆限界基本轮廓、各级超限限界与建筑限界距离线路中心线所在垂直平面尺寸表”中，根据货物计算点所在高度和计算宽度确定货物超限等级。高度值在两数值之间时通过线性插入法计算各级限界值。

八、实例分析

【实例 4-1-1】装运外部形状规则均重货物一件，重量为 30 t，长 14 m，宽 3.2 m，高 2.85 m，货物用 1 辆 NX_{70} 型木地板平车装运（NX_{70} 型平车：自重 23.8 t，车宽 2 960 mm，

车体长 15.4 m，销距 10.92 m，空车重心高 738 mm，车地板高 1 216 mm），试确定超限等级。

答：(1)选择计算点

货物外部形状规则，若选取货物端部为检定断面，因

$$\frac{2x}{l}=\frac{2\times7}{10.92}=1.28<1.4$$

$X_{外}<X_{内}$，所以应计算车辆横中心线所在断面处的 $X_{内}$，检定断面应选在货物中部，计算点在中部最高处两侧。

(2)计算货物偏差量

$$C_{内}=\frac{l^2-(2x)^2}{8R}\times1\,000$$

$$=\frac{10.92^2-(2\times0)^2}{8\times300}\times1\,000$$

$$=\frac{119.25-0}{2\,400}\times1\,000$$

$$\approx50(\text{mm})$$

(3)确定货物计算宽度

$$X_{内}=B+C_{内}-36=3\,200\div2+50-36=1\,614(\text{mm})$$

(4)确定计算点的高度

$$H=2\,850+1\,216=4\,066(\text{mm})$$

(5)确定超限等级

根据计算点的计算宽度 1 614 mm，计算点的高度 4 066 mm，查《超规》附件 4，属于二级超限。

【实例 4-1-2】A 站发往 B 站均重货物一件重 40 t，长 15 m，宽 3.4 m，高 2.0 m，用一辆 N_{17T} 型平车一端突出装

载(货物另一端与车端对齐),用一辆 N_{17T} 型平车作游车,使用两根高度为 140 mm 的横垫木,试确定超限等级。(N_{17T} 型 60 t 平车:车辆销距为 9 000 mm,车地板长为 13 m,车地板高为 1 209 mm)

答:(1)确定计算点和检定断面

$$2x=2\times(15-13+13\div 2)=17\quad(\mathrm{m})$$

$$\frac{2x}{l}=\frac{17}{9}=1.89>1.4$$

所以,检定断面在货物突出部分最外端,计算点在最外端最高且最宽点。

(2)货物外偏差量和附加偏差量

$$C_{外}=\frac{(2x)^2-l^2}{8R}\times 1\,000$$

$$=\frac{17^2-9^2}{8\times 300}\times 1\,000$$

$$\approx 87\ (\mathrm{mm})$$

$$K=75\left(\frac{2x}{l}-1.4\right)$$

$$=75\times\left(\frac{17}{9}-1.4\right)$$

$$\approx 37(\mathrm{mm})$$

(3)确定计算宽度

$$X_{外}=B+C_{外}+K-36=3\,400\div 2+87+37-36$$

$$=1\,788(\mathrm{mm})$$

(4)确定计算高度

$$h=1\,209+140+2\,000=3\,349(\mathrm{mm})$$

(5)确定超限等级

计算点的计算宽度为1788 mm,高度为3349 mm,查《超规》附件4,确定为一级超限。

第二节　超限超重货物运输电报

一、超限超重货物运输申请电报

(一)主送部门

车站申请电报主送铁路局集团公司货运部。铁路局集团公司申请电报主送国铁集团货运部。

(二)电报内容

申请电报主要内容包括:发站、到局、到站,货物概况,货物外形尺寸,拟使用车种、车型及辆数,装载方法,预计装后尺寸,特殊运输要求等。

1. 货物概况应注明货物品名、件数、重量、全长、支重面长度、货物重心高度。自轮运转货物还应注明自重、长度、轴数、轴距、固定轴距、转向架中心销间距离、运行限制条件以及其他特殊运输条件要求等。

货物重量含装载加固材料和装置等重量。货物重心高度含垫木或支架等高度,并须注明其中垫木或支架等高度为××mm。支重面长度为垫木或支架等之间距离时,须注明两横垫木或支架之间距离为××mm。

2. 货物外形尺寸应包括固定包装、装载加固材料或装置,表述必须完整、准确。不同高度处的宽度按自上而下顺序排列，尺寸均以毫米(mm)为单位。

(1)一个高度：

中心高××——××mm处左宽××mm，右宽××mm。

(2)两个高度：

中心高××mm处左宽××mm，右宽××mm；

侧　高××mm处左宽××mm，右宽××mm。

(3)三个及以上高度：

中心高××mm处左宽××mm，右宽××mm；

一侧高××mm处左宽××mm，右宽××mm；

二侧高××mm处左宽××mm，右宽××mm；

……

(4)圆弧形货物：

×侧高(中心高)××——××mm处为××mm半径圆弧，并注明圆心位置。

(5)不同高度之间为等宽：

×侧高(中心高)××——××mm处左宽××mm，右宽××mm。

(6)不同高度之间为斜坡形：

×侧高(中心高)——×侧高之间为斜坡形。

(7)同一高度左右两侧等宽：

×侧高(中心高)××mm处宽各××mm。

(8)一般情况下，货物外形尺寸采用同一高度处左右等宽方式表述，等宽宽度取左右宽度的最大数值。特殊需要时，采用左右宽度实际数值表述。

3. 装载方法主要包括不突出车端板装载、突出车端板装载和两车跨装等三种方式。

(1)不突出车端板装载:注明每车装载件数及合装、分装等具体装载方法。

(2)突出车端板装载:除需注明上款规定内容外,还应注明货物突出车端的长度、突出端的宽度及高度,两端同时突出的应分别注明。需要使用游车的,注明使用游车的车种及辆数。

(3)两车跨装装载:两负重车中间或两端需要使用游车的,注明中间或两端使用游车的车种及辆数。注明货物跨装支距、突出支点长度和突出端的宽度及高度,同时突出两支点的应分别注明。

4. 车种、车型及辆数应根据货物件数、尺寸、重量及装载要求等合理选择,科学确定。

5. 预计装后尺寸高度自轨面开始计算,宽度自车辆纵中心线所在垂直平面开始计算,按货物外形尺寸表述方式规定表述(圆心位置表述时,应明确圆心高度和圆心距车辆纵中心线的水平距离)。预计装后尺寸必须完整、准确,保证预计货物装后的各不同高度处的最大计算宽度对应的部位不遗漏。

6. 特殊运输要求是指为保证货物和超限车的铁路运输安全,根据货物自身性质及超限车的技术条件,必须明确的特殊运输限制条件等。如:变压器运输时,托运人提出的途中运输加速度不得超过3g;自轮运转货物的最高运行速度、曲线限速、侧向过岔限速及通过最小曲线半径限制；超限车的最高运行速度、曲线限速、侧向过岔限速及通过最小曲线半径限制等。

（三）案例

【格式 4-2-1】

铁路超限超重货物运输申请电报

甲站拟发到乙站变压器 1 件，重 128 t，全长 7 355 mm，支重面长 6 230 mm，重心高 1 925 mm（含橡胶垫高 10 mm），货物尺寸（含橡胶垫）：

中心高 4 030 mm 处宽各 640 mm；

一侧高 3 730 mm 处宽各 1 100 mm；

二侧高 3 590 mm 处宽各 1 430 mm；

三侧高 3 230 mm 处宽各 1 795 mm；

四侧高 2 845～1 205 mm 处宽各 1 815 mm；

五侧高 325～65 mm 处宽各 1 675 mm；

六侧高 0 mm 处宽各 1 470 mm。

拟使用 D_{2G} 型凹底平车 1 辆装运。预计重车重心高 1 894 mm，超级超限，装后：

中心高 4 980 mm 处宽各 670 mm；

一侧高 4 680 mm 处宽各 1 130 mm；

二侧高 4 540 mm 处宽各 1 460 mm；

三侧高 4 180 mm 处宽各 1 825 mm；

四侧高 3 795～2 055 mm 处宽各 1 845 mm；

五侧高 1 175～915 mm 处宽各 1 705 mm；

六侧高 850 mm 处宽各 1 500 mm。

特殊运行限制条件：D_{2G} 型凹底平重车最高运行速度为 80 km/h，允许通过最小曲线半径 180 m，允许侧向通过最小道岔号 9 号。

以上所有未衔接高度间均为斜坡形。

申请装运办法。

甲站超限超重×××号

××货运中心××物流车间

××××年××月××日

二、超限超重货物运输确认电报

（一）主、抄送部门

国铁集团货运部确认电报主送始发、经由和到达铁路局集团公司货运主管部门。

铁路局集团公司确认电报主送发站、本局调度所、发站所在地车辆段及沿途货检站等；根据需要主送本局其他相关站段，抄送本局运输、工务、电务、车辆、机务、供电处等。铁路局集团公司直接确认的本局发送的超限超重货物运输电报须抄送经由和到达铁路局集团公司货运主管部门。铁路局集团公司接到发布的确认电报后，应结合管内的实际情况及时确认转发。对需临时改变建筑物、固定设备的，应在电报中详细指明。

（二）电报内容

确认电报主要内容包括：发站、经由、到站，货物概况，使用车种、车型及辆数，装载方法，装后尺寸，超限超重等级，装运办法等。

1. 发到站和经由的铁路线路须已开办超限超重货物运输业务。经由的铁路正线(区段)，根据超限货物装后尺寸、超重货物等级，相关铁路正线(区段)的限界、线桥承载能力，结合车流径路、列车编组计划等正确确定。超限、超重货物应经由最短径路运输，但受到建筑限界或其他不利因素影响时，可指定径路运输。跨铁路局集团公司运输的，经由以铁路局集团公司间分界站表述。

2. 货物概况、装载方法、装后尺寸参照申请电报表述。确定使用车种、车型及辆数时，还应根据货物重量和经由铁路线桥承载能力，确定超限超重车两端加挂的隔离车车种、辆数等。

3. 装运办法必须准确、具体、完整。使用《铁路超限超重货物运输电报代号》(表 4-2-1)中规定的电报代号加文字表述，无代号的应直接用文字准确、具体、完整、规范表述。

表 4-2-1　铁路超限超重货物运输电报代号

顺序	代字	被代用的文字	附　注
1	A	超限等级	代号后写几级
2	C	凡距线路中心线几毫米，高度超过几毫米，如道岔表示器等设备，在列车通过前拆除，通过后立即恢复正常位置	代号后分子为距线路中心线宽度的毫米数，分母为自轨面起高度的毫米数
3	D	通过接近限界的限制速度，按《超规》第四十二条办理	

续上表

顺序	代字	被代用的文字	附　注
4	E	禁止接入距离线路中心线几毫米，高度超过几毫米的站台线路	代号后分子为距线路中心线宽度的毫米数，分母为自轨面起高度的毫米数
5	G	最高运行速度	代号后写限速值
6	K	会车条件按《超规》第四十一条办理	
7	L	通过 300 m 及以下半径曲线线路时的限制速度	代号后写限速值
8	M	途中货检站按规定检查无碍后继续运送	
9	N	各邻接调度所密切联系注意运行状态，接运和挂运按《超规》第三十六和三十九条办理	
10	P	需要货物转向架和使用车钩缓冲停止器	
11	R	货物重心高度	代号后写毫米数
12	S	重车重心高度	代号后写毫米数
13	W	经过侧向道岔的限制速度	代号后写限速值
14	Z	超重等级	代号后写几级

（三）案例

【格式 4-2-2】

铁路超限超重货物运输确认电报

国铁集团超限超重×××号，甲站经乙站、丙站到丁站变压器 3 件，规格相同，各重 127 t，各全长 6 970 mm，各支重面长 5 970 mm，各使用载重 210 t（DA_{21} 型）凹型车

1 辆装运。各装后：

中心高 4 890 mm 处宽各 780 mm；

一侧高 4 530 mm 处宽各 1 340 mm；

二侧高 4 250 mm 处宽各 1 660 mm；

三侧高 4 160 mm 处宽各 1 710 mm；

四侧高 4 070 mm 处宽各 1 740 mm；

五侧高 3 770 mm 处宽各 1 800 mm；

六侧高 1 830～1 630 mm 处宽各 1 820 mm；

七侧高 1 500 mm 处宽各 1 780 mm；

八侧高 830 mm 处宽各 1 450 mm。

以上未衔接高度间均为斜坡形。

装运方法：

(1)A 超级超限；(2)KMN；(3)允许通过最小曲线半径 180 mm；(4)允许侧向通过最小道岔号 9 号。

×超限超重×××号

中国铁路××局集团有限公司货运部

××××年××月××日

三、超限超重车辆挂运申请电报

(一)主、抄送部门

车站挂运电报主送铁路局集团公司调度所，抄送铁路局集团公司货运主管部门。

(二)电报内容

挂运电报主要内容包括：确认电报号，发站、到站，货物品名、件数，使用车种、车型、车号（含游车、隔离车）及辆数，装载完毕时间，装后尺寸复测情况，装后货物装载加固状态及车辆状态检查确认情况等。

（三）案例

【格式 4-2-3】

超限超重车辆挂运申请电报

奉×超限超重×××号电报，甲站经乙站、丙站发丁站变压器 1 件，使用 D_{2G} 5622118 装运，超级超限。已于 11 月 1 日 10 时装载（检查）完毕，经复测（检查），货物装后尺寸符合确认电报要求，装载加固状态良好，请求挂运。

甲站超限超重挂运×××号

××货运中心××物流车间

××××年××月××日

第三节　超限超重货物运输组织

一、办理线路和车站

线路办理超限、超重货物运输，应经国铁集团审核公布。车站（含与车站接轨的专用线、专用铁路，下同）办理超限、超重货物运输，由铁路局集团公司自行规定审批办法，并将批准的车站报国铁集团备案，及时在中国铁路

95306 网站公布。

（一）线路和车站应具备的基本条件

1. 线路办理超限、超重货物运输，应具备下列基本条件：

（1）线路已开通使用并办理普通货物运输；

（2）线路建筑限界和桥涵承载能力满足超限、超重货物运输安全要求；

（3）相关运输站段有合格的超限超重货物运输专业技术人员；

（4）有健全的超限、超重货物运输安全管理制度和事故施救信息网络。

2. 车站办理超限、超重货物发送、到达，应具备下列基本条件：

（1）所在铁路线路已开办超限、超重货物运输；

（2）车站已开办货运业务；

（3）车站接发超限、超重列车固定线路和准许通行超限、超重车线路的实际建筑限界和桥涵承载能力满足超限、超重货物运输安全要求；

（4）有合格的超限超重货物运输专业技术人员；

（5）有健全的超限、超重货物运输安全管理制度。

在非货运营业站临时办理铁路工程建设所需的架桥机、铺轨机、桥梁等超限、超重货物到达、发送业务，由铁路局集团公司制定管理办法。

（二）线路和车站开办超限超重货物运输业务的规定

1. 线路开办超限、超重货物运输业务，由铁路局集团公司超限超重货物运输主管部门牵头组织，向国铁集团提交下列材料：

（1）铁路线路开通运营并办理普通货物运输的证明材料；

（2）线路名称、起讫站、全长、线路等级、线路类型（单双线）、线路允许速度、电气化接触网最低高度、最小线间距、最大限制坡度、最小曲线半径、最大外轨超高值、钢轨类型、最小道岔、桥梁数量、隧道数量等线路基本条件的有关材料；

（3）线路综合最小限界，车站接发超限列车固定线路，侵限设施设备现状及整治措施；

（4）全线超重车通行径路上的桥涵类型、数量、承载能力（活载系数及允许通过超重货物等级），病害桥涵现状及整治措施；

（5）相关管理人员和作业人员的配备情况及培训合格证明材料；

（6）相关业务和安全管理制度，包括：铁路局集团公司超限超重货物运输管理办法、限界管理办法、事故施救信息网络；相关站段超限超重货物运输管理办法。

2. 车站向铁路局集团公司申请办理超限、超重货物运输业务，所需材料由铁路局集团公司自定。

铁路局集团公司和车站应严格按照批准范围办理超限、超重货物运输业务，并切实加强限界和桥涵承载能力管理，确保超限、超重货物运输安全。

(三)线路和车站办理条件发生变化时的规定

1. 线路发生以下变化,应重新申请办理超限、超重货物运输业务:

(1)单线线路完成复线改造;

(2)线路起讫站、走向、里程等发生实质性变化;

(3)确需重新申请办理超限、超重货物运输业务的其他情形。

线路限界、桥涵承载能力等因素发生重大变化,整治完成前影响超限、超重车正常通行不超过 1 个月的,铁路局集团公司应提前 10 天提出临时停办申请,报国铁集团审核、公布。

无法整治恢复,确须取消线路超限、超重货物运输业务,或整治完成前影响超限、超重车正常通行超过 1 个月的,由铁路局集团公司提前 30 天提出取消办理线路申请,报国铁集团审核、公布。

2. 车站办理条件发生重大变化,不再满足超限、超重货物运输要求的,由车站提出取消办理站申请,经铁路局集团公司审核后报国铁集团备案,铁路局集团公司及时更新中国铁路 95306 网站相关信息。

二、受理

托运人托运超限、超重货物时,除按一般货运手续办理外,还应提供下列资料:

1."超限超重货物托运说明书"(附录 1-6),货物外形的三视图。图中应标明货物的有关尺寸、支重面长度、货物重量，并以“十”号标明重心位置。

2. 自轮运转货物，应有自重、长度、轴数、轴距、固定轴距、转向架中心销间距离、运行限制条件，以及过轨技术检查合格证。

3. 申请使用的车种、车型、车数及装载加固建议方案。

4. 超过承运人计量能力的货物由托运人确定货物重量，并应有货物生产厂家出具的货物重量证明文件（数据应为货物运输状态时的重量，重量数据如不含装载加固材料或装置重量，须单独注明），对变压器、电抗器等货物，残余油料重量须单独注明；货物生产厂家具备货物称重计量条件的，应要求托运人提供经厂家计量衡器称重的货物重量数据。

5. 其他规定的资料。

托运人应在“超限超重货物托运说明书”、装载加固建议方案和所提供的资料上签字盖章，并对内容的真实性负责。

车站受理超限、超重货物时，应认真审查托运人提出的有关技术资料。托运人提供的货物技术资料及相关证明文件齐全有效、符合规定，且货物发到站（含专用线、专用铁路）具备超限、超重货物运输条件的，发站应受理资料。

三、承运

受理资料后，发站测量核对货物外形尺寸和重心位置，以超限超重货物运输申请电报向集团公司货运主管部门申请装运办法。

跨三个及以上铁路局集团公司的各级超重货物和超级超限货物，由铁路局集团公司审查后向国铁集团提出申请。

国铁集团、铁路局集团公司接到超限超重货物运输申请电报后，及时向各有关单位发布确认电报，明确装运办法。发布确认电报时，应加强与相关铁路局集团公司的沟通协调，确保限界满足安全要求。

铁路局集团公司接到发布的确认电报后，应结合管内的实际情况及时确认转发。对需临时改变建筑物、固定设备的，应在电报中详细指明。管内通行确有困难时，应在收到电报之日起 3 个工作日内以电话和电报形式通知发局和确认电报发布单位。

超限货物装车时间距确认电报发布时间不足 3 个工作日的，发局应与沿途各局进行确认后再发布确认电报。

四、装车

超限、超重货物禁止无确认电报装车。车站接到铁路局集团公司确认电报后，通知托运人办理其他货运手续，并及时组织装车。

超限、超重货物实行装车质量签认制度。“车站超限超重货物发送作业质量控制表”见附录 1-7。

装车后，车站应对照确认电报进行复核，发现货物装后尺寸、重车重心高度等数据超出确认电报范围的，发站须重新向铁路局集团公司拍发超限超重货物运输申请电报。

1. 装车前，发站应：

(1)通知车辆部门检查车辆技术状态；

(2)确认拟使用的车种、车型、车数符合确认电报和装车要求，装载加固材料和装置的规格、数量及质量符合装载加固方案规定；

(3)测量车地板的长度和宽度，在负重车上标划车辆纵横中心线；

(4)在货物上标明重心位置(投影)、索点；

(5)开好车前会，向装车人员布置装车事项。

2. 测量车地板高度时应将车辆停于平直线路上。车地板高度的确认办法按下列规定办理：

(1)普通平车或敞车：分别测量出车地板四角至轨面的高度，然后取其平均值为车地板高度；

(2)凹型平车：取车地板中部为车地板高度；若货物装在大底架悬臂上，以悬臂高度为准；

(3)球形心盘的长大货物车：分别测量出车地板中部到两侧钢轨面的高度，取其平均值为车地板高度。

3. 装车时，站段应派超限超重运输和装载加固专业技术人员到装车现场进行指导。装载和加固作业须严格按装载加固方案进行。

4. 装车后，须检查、确认货物装载加固符合规定要求。重点检查、确认：

(1)货物实际装载位置符合装载加固方案；

(2)车辆转向架旁承游间符合规定；

(3)使用的加固材料和装置规格、数量、质量和加固方法、措施、质量符合装载加固方案；

(4)垫木、支(座)架等加固装置，状态良好，完好无损坏；

(5)钢丝绳等加固线已采取防磨措施，捆绑拴结牢固，拴结点无损坏；

(6)焊接处焊缝长度、高度符合规定，焊接质量良好；

(7)跨装车组连接处的提钩杆捆绑牢固，车钩缓冲停止器已按规定安装；

(8)带有制动装置、变速器和旋转装置的货物，制动装置全部制动，变速器置于初速位置，旋转部位锁定牢固；

(9)自轮运转货物的动力传动装置已断开(机车车辆除外)，制动手柄在重联位置并固定良好。

5. 确认货物装载加固符合规定要求后，须对照确认电报重点复核、确认：

(1)货物突出车端的尺寸、货物突出端与游车上所装货物的距离符合要求；

(2)超限货物装后各部位的尺寸(高度和宽度)、重车重心高未超出确认电报范围；

(3)物支重面长度(跨装货物支距)符合要求；

(4)其他各有关数据符合要求。

6. 确认符合确认电报条件后，用颜色醒目的油漆标画易于判定货物是否移动的检查线，在货物两侧明显处以油漆书写、刷印或粘贴“×级超限、×级超重”，或挂牌标识，并按规定在车辆上插挂货车表示牌。发站应按规定会同有关单位(部门)填写“超限超重货物运输记录”，在货物运单、货票、票据封套、编组顺序表上注明“超限货物”或“超重货物”或“超限超重货物”；以连挂车组装运时，应注明“连挂车组，不得分摘”；限速运行时，应注明“限速××km/h”。

7. 装车后，车辆转向架任何一侧旁承游间不得为零(结构规定为常接触式旁承的货车除外)。遇球形心盘货车一侧旁承游间为零时，可用千斤顶将压死一侧顶起，落顶后出现游间，表明货物装载符合要求。

使用落下孔、钳夹式车辆装载的货物，装后货物底部与轨面的距离不得少于150 mm。

五、变更

超限、超重货物变更到站时，除按普通货物变更有关规定办理外，还应遵守下列规定：

1. 受理变更的车站应为超限超重货物办理站。

2. 受理变更的车站应对货物的装载加固状况进行检查，确认状态良好后以电报向铁路局集团公司重新申请，并注明原确认电报发布单位、电报号码、新到站及车号。

3. 受理变更的铁路局集团公司按规定确认或申请，变更后的运输要求按新确认电报执行。

4. 受理变更的车站应在“超限超重货物运输记录”中签认。

装后超出机车车辆限界基本轮廓的货物，经国铁集团批准，可不按超限货物办理。

六、超限超重货物专列

以下车型装运的超限、超重货物，应开行超限超重货物专列：

1. 钳夹车。
2. 标记载重 260 t 及以上的落下孔车。
3. 标记载重 300 t 及以上的凹底平车。

其他需要采取全程派人监护、监测运行等特殊安全保障措施的重车，也可组织开行超限超重货物运输专列。

铁路超限超重货物运输专列按《超规》附件 11“超限超重货物专列运输管理规定”办理。

七、安全通行确认方法

为确保超限货物运输安全，可采用检查架等方法检查确认运输线路或区段的限界能否满足通行安全。

1. 检查架的尺寸应与货物检定断面的实际尺寸相同。
2. 安装检查架的车辆应与拟用车辆的车型相同。
3. 检查架应安装在货物检定断面所在的位置。

使用其他车辆安装检查架的，检查架的尺寸应考虑拟用车辆的偏差量和倾斜量等。

八、超限超重车运行

装有二级及以上超限货物的车辆禁止溜放。

（一）挂运前

1. 发站挂运超限、超重车前，应向铁路局集团公司调度所拍发超限超重车辆挂运申请电报（条件不具备时可使用传真或电话申请）。

2. 挂运跨及两个铁路局集团公司的超限、超重车辆前，需向邻局进行预报，并征得邻局调度所的同意后方可挂运。

相邻铁路局集团公司调度所间的预报内容，应包括挂运车次、确认电报号码、车型、车号（含游车、隔离车）、到站、品名、超限等级、超重等级和有关注意事项等。

3. 铁路局集团公司调度所接到车站挂运申请或邻局预报后，应根据超限超重货物运输确认电报认真核对，制定管内具体运行条件，填写“超限超重车辆挂运通知单”（附录1-8），纳入日（班）计划，并将管内具体运行条件以调度命令下达有关站段。

4. 车站接到挂运命令后，应及时做好车辆挂运准备工作，并将调度命令交值乘司机。

运行有限制条件的超限、超重车，除有特殊要求外，禁止编入直达、直通列车。

挂有超限车的列车，按《车站行车工作细则》（简称《站细》）规定的线路办理到发或通过。遇到特殊情况需要临时变更线路时，须得到铁路局集团公司批准。

接发超限列车固定线路、准许通行超限车的线路实际建筑限界应满足国家标准要求。车站应将接发超限列车固定线路及侵限设施设备纳入《站细》管理。

(二)会车规定

挂有超限车的列车运行在双线、多线或并行单线的直线地段与邻线列车会车时,应遵守下列规定:

1. 邻线列车运行速度小于等于 120 km/h 的,两运行列车之间的最小距离大于 350 mm 者不限速,300 mm 至 350 mm 之间者运行速度不得超过 30 km/h,小于 300 mm 者禁止会车。

2. 邻线列车运行速度大于 120 km/h 小于等于 160 km/h 的,两运行列车之间的最小距离大于 450 mm 者不限速,400 mm 至 450 mm 之间者运行速度不得超过 30 km/h,小于 400 mm 者禁止会车。

3. 邻线列车运行速度大于 160 km/h 的,禁止会车。

曲线地段与邻线列车会车,必须根据规定相应加宽。

(三)特殊情况下的运行速度规定

超限车在运行过程中,如超限货物的任何部位接近建筑物或设备时,应遵守下列规定:

1. 超限货物的任何超限部位与建筑物或设备之间的距离(简称限界距离),在 100 mm 至 150 mm 之间时,速度不得超过 15 km/h;

2. 限界距离在超过 150 mm 至 200 mm 之间时,速度不得超过 25 km/h;

限界距离不足 100 mm 时,由铁路局集团公司根据实际情况制定办法。

(四)电气化区段运行规定

电气化区段,超限货物顶部距接触网导线的垂直距

离 $L \geqslant 350\,\mathrm{mm}$ 时，可不停电运输。超限货物顶部距接触网导线的垂直距离，在线路平面海拔高度超过 1 000 m 时，应按每超过 100 m 增加 3.5 mm 的附加安全距离计算（不足 100 m 时四舍五入计算）。

第四节　超限超重货物现场作业流程

由于超限货物运输，有运行条件的限制，因此受理超限货物时，即应向上级部门进行报告，相关部门对超限货物运输过程进行前期准备，对货物经过线路的限界进行核定，因此在受理货物之初即详细掌握外形尺寸对货物进行测量，了解货物特别运输要求。

一、超限货物的初判断

1. 需要使用平车、长大货物车运输；
2. 货物体积较大，目测高度超过 3 m，宽度超过 3 m。

二、超限货物的主要品名

吊车、挖掘机、大型汽车、大型机械设备、变压器、电抗器、定子、转子等；判断是否为超限货物，具体通过计算装后尺寸和计算宽度进行确认。

三、超限货物的作业流程

超限货物因为其特殊性，在受理及装车过程中相关流程较复杂，现通过一台到站为丽江东的变压器介绍从受理到装车、挂运全流程。

（一）受理

1. 受理时，客户需提供的资料：

超限超重货物托运说明书：货物的发到局、发到站、品名、件数、件重、重心位置、外形尺寸、预计装后尺寸、拟用车型、车辆标记载重、车底板高度、重车重心高、其他要求等，如图 4-4-1 所示。

附件 5

超限超重货物托运说明书

单位：mm

发局	广	装车站	[illegible]			预计装后尺寸			
到局	昆	到站	[illegible]			由轨面起高度		由车辆纵中心线起	
品名	[illegible]	件数	3					左宽	右宽
每件重量	127	总重量	127×3	重心位置	1910	中心高	4890	780	780
货物长度	6970	支重面长度	5970			一侧高	4530	1140	1140
货物高度 中心高	3950	货物宽度	左 740	右 740		二侧高	4250	1660	1660
一侧高	3590		左 1300	右 1300		三侧高	4160	1710	1710
二侧高	3310		左 1620	右 1620		四侧高	4070	1740	1740
三侧高	3220		左 1670	右 1670		五侧高	3770	1800	1800
四侧高	3130		左 1700	右 1700		六侧高	1890-1680	1820	1820
五侧高	2830		左 1760	右 1760		七侧高	1500	1780	1780
六侧高	890-800		左 1780	右 1780		八侧高	840	1450	1450
七侧高	670		左 1740	右 1740		九侧高			
八侧高	0		左 1410	右 1410					
要求使用车种	DA21	标记载重	210			车地板高度	940		
卸车时的要求									
其他要求	1、货物三视图；2、变压器重量及重心偏况说明；3装载加固方案。					垫木、支架（座架）或转向架高度	10		
						预计装在车上货物重心位置距轨面的高度	2850		
						重车重心高度	1958		

注：粗线栏内由铁路填记

发货单位（盖章） 2019年5月20日提出

图 4-4-1 超限超重货物托运说明书

货物三视图：图中标明货物实际尺寸、重心位置、各侧高、中心高、货物各部位宽度，如图 4-4-2 所示。

重心重量证明：货物重量超过车站最大称重能力时提供，如图 4-4-3 所示。

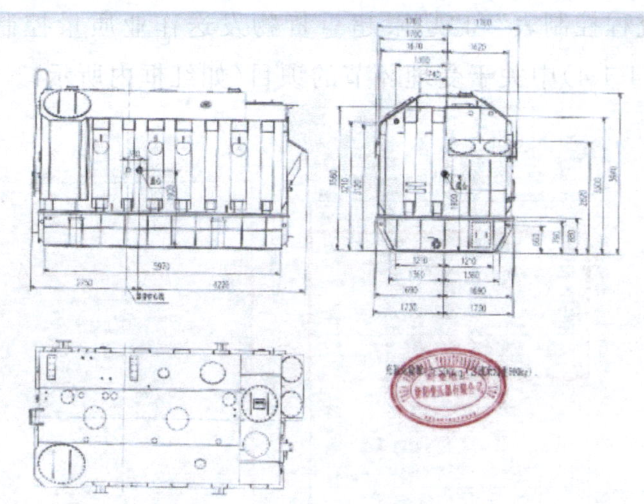

图 4-4-2　货物三视图

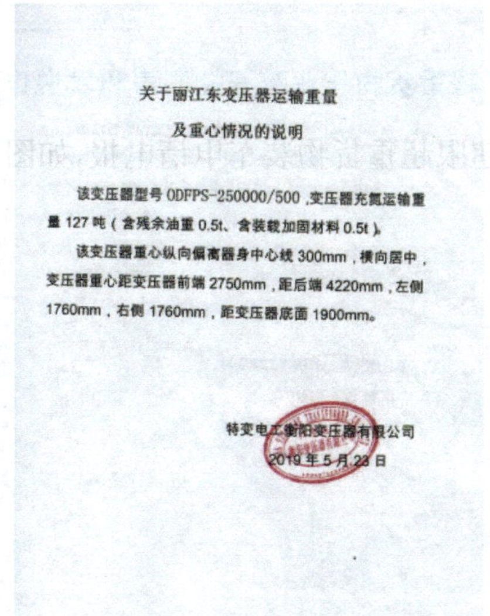

关于丽江东变压器运输重量

及重心情况的说明

该变压器型号 ODFPS-250000/500，变压器充氮运输重量 127 吨（含残余油重 0.5t、含装载加固材料 0.5t）。

该变压器重心纵向偏离器身中心线 300mm，横向居中，变压器重心距变压器前端 2750mm，距后端 4220mm，左侧 1760mm，右侧 1760mm，距变压器底面 1900mm。

特变电工衡阳变压器有限公司

2019 年 5 月 23 日

图 4-4-3　重心重量证明

装车站在受理的同时填写和签认“超限超重货物作

业流程控制表”和“超限超重货物发送作业质量控制表”（图 4-4-4）中关于受理环节的项目（如红框内所示）。

附件 2

衡阳西站超限超重货物作业流程控制表

车型车号：DA21/5642109　　到站：丽江东　　超级超限　　/级超重

顺号	卡控项目	风险卡控内容	卡控情况
1	测量尺寸	深入现场，审核图纸，测量尺寸，检查货物加固栓结点	是/否
2	审核托运资料	审核托运人提供的《超限超重货物托运说明书》、《货物重心及重量组成说明》及图纸，须加盖货物生产厂家及托运人公章	是/否
3	货物中心和重心标画	对照图纸，审核货物按图纸标画重心及纵、横中心线位置是否正确	是/否
4	办理资质	审核到站是否具备办理资质，无资质不得受理	是/否
5	接卸证明	审核到站起重能力，是否同意接卸或出具有效接卸证明	是/否
6	拍发申请电报	再次核对测量尺寸，确认后拍发申请电报	是/否
7	进站待装	接到批示电报后，组织货物进站并卸入指定位置待装	是/否
8	审核运单1	核对是否正确加盖保价专用章，是否正确填记限速运行、禁止溜放、连挂车组禁止分摘、超限超重等级等运输标识	是/否
9	审核运单2	“承运人记载事项”栏是否正确转记批示电报内容	是/否
10	审核运单3	核对押运证号码、押运区间；使用D型车时还需与集团特调核对D车使用命令并在“承运人记载事项”栏转记	是/否
11	制作运输标识	按电报批示内容，在货物两侧张贴（栓挂）超限超重等级各项运输标识	是/否
12	车辆中心线	确认车地板（落下孔车为上部横梁）纵横中心线标画无误	是/否

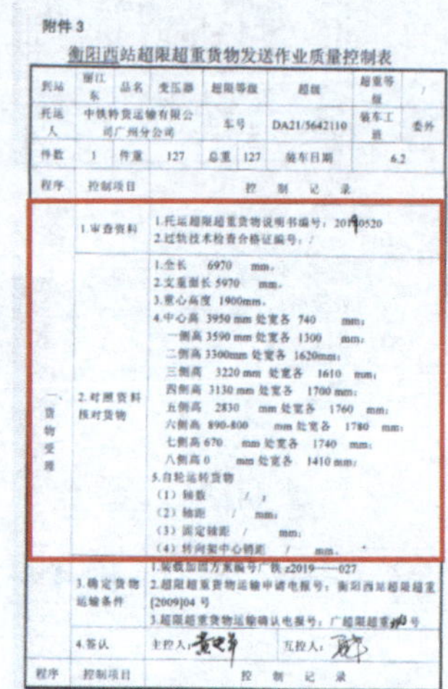

附件 3

衡阳西站超限超重货物发送作业质量控制表

到站	丽江东	品名	变压器	超限等级	超级	超重等级	/
托运人	中铁特货运输有限公司广州分公司		车号		DA21/5642110	装车工班	委外
件数	1	件重	127	总重 127	装车日期	6.2	
程序	控制项目	控制记录					
一、货物受理	1.审查资料	1.托运超限超重货物说明书编号：2019 0520 2.过轨技术检查合格证编号：/					
	2.对照资料核对货物	1.全长　6970　mm； 2.支重面长 5970　mm； 3.重心高度 1900mm； 4.中心高 3950 mm 处宽各 740　mm； 一侧高 3590 mm 处宽各 1300　mm； 二侧高 3300mm 处宽各 1620mm； 三侧高 3220 mm 处宽各 1610　mm； 四侧高 3130 mm 处宽各 1700 mm； 五侧高 2830　mm 处宽各 1760　mm； 六侧高 890-800　mm 处宽各 1780　mm； 七侧高 670　mm 处宽各 1740　mm； 八侧高 0　mm 处宽各 1410 mm； 5.自轮运转货物 （1）轴数　/ ； （2）轴距　/　mm； （3）固定轴距　/　mm； （4）转向架中心销距　/　mm。					
	3.确定货物运输条件	1.装载加固方案编号广铁 z2019—027 2.超限超重货物运输申请电报号：衡阳西站超限超重[2009]04 号 3.超限超重货物运输确认电报号：广超限超重 号					
	4.签认	主控人：　　互控人：					
程序	控制项目	控制记录					

图 4-4-4　超限超重货物作业流程控制表和发送作业质量控制表

2. 铁路超限超重货物装车申请电报，如图 4-4-5 所示。

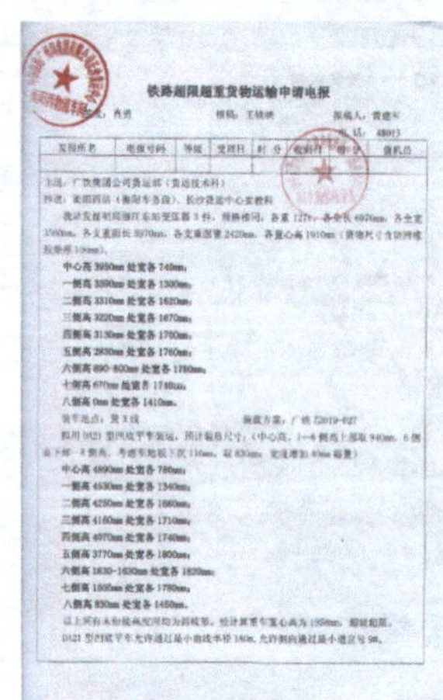

铁路超限超重货物运输申请电报

发报所名	电报号码	等级	受理日	时 分	收到日	时 分	值机员

主送：广铁集团公司货运部（货运技术科）

抄送：衡阳西站（衡阳车务段）、长沙货运中心安全科

中心高 3950mm 处宽各 740mm；
一侧高 3590mm 处宽各 1300mm；
二侧高 3310mm 处宽各 1620mm；
三侧高 3220mm 处宽各 1670mm；
四侧高 3130mm 处宽各 1700mm；
五侧高 2830mm 处宽各 1760mm；
六侧高 890-800mm 处宽各 1780mm；
七侧高 670mm 处宽各 1740mm；
八侧高 0mm 处宽各 1410mm。

中心高 4890mm 处宽各 780mm；
一侧高 4530mm 处宽各 1340mm；
二侧高 4250mm 处宽各 1660mm；
三侧高 4160mm 处宽各 1710mm；
四侧高 4070mm 处宽各 1740mm；
五侧高 3770mm 处宽各 1800mm；
六侧高 1830-1630mm 处宽各 1820mm；
七侧高 1600mm 处宽各 1780mm；
八侧高 830mm 处宽各 1450mm。

图 4-4-5　铁路超限超重货物装车申请电报

在审核完托运人提供的相关资料,并准确测量货物外形尺寸后,拍发装车申请电报,电报需要抄送相关单位。电报内容包括货物外形尺寸,批准使用的装载加固方案、装车地点、拟用车型、预计装后尺寸、超限等级及运行限制条件等。

3. 铁路超限超重货物运输确认电报。铁路超限超重货物运输确认电报是装车的依据,超限、超重货物禁止无确认电报装车。收到确认电报后,方能通知托运人进站,办理后续的货运手续,如图 4-4-6 所示。

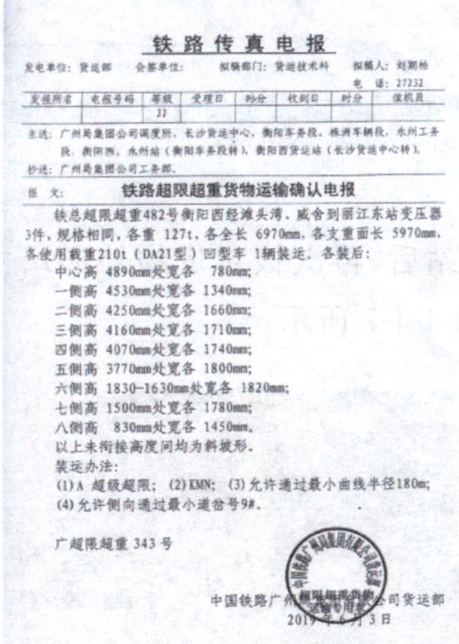

铁路传真电报

发电单位:货运部　会签单位:　拟稿部门:货运技术科　拟稿人:刘期柏

电　话:27232

发报所名	电报号码	等级	受理日	时分	收到日	时分	值机员
		JJ					

主送:广州局集团公司调度所、长沙货运中心、衡阳车务段、株洲车辆段、永州工务段、衡阳西、永州站(衡阳车务段转)、衡阳西货运站(长沙货运中心转)。

抄送:广州局集团公司工务部。

报　文:　铁路超限超重货物运输确认电报

铁总超限超重482号衡阳西经滩头湾、威舍到丽江东站变压器3件,规格相同,各重 127t,各全长 6970mm,各支重面长 5970mm,各使用载重210t(DA21型)凹型车 1辆装运,各装后:

中心高 4890mm处宽各 780mm;

一侧高 4530mm处宽各 1340mm;

二侧高 4250mm处宽各 1660mm;

三侧高 4160mm处宽各 1710mm;

四侧高 4070mm处宽各 1740mm;

五侧高 3770mm处宽各 1800mm;

六侧高 1830-1630mm处宽各 1820mm;

七侧高 1500mm处宽各 1780mm;

八侧高 830mm处宽各 1450mm。

以上未衔接高度间均为斜坡形。

装运办法:

(1)A 超级超限;(2)KMN;(3)允许通过最小曲线半径180m;(4)允许侧向通过最小道岔号9#。

广超限超重 343 号

中国铁路广州局集团有限公司货运部

2019 年 6 月 3 日

图 4-4-6

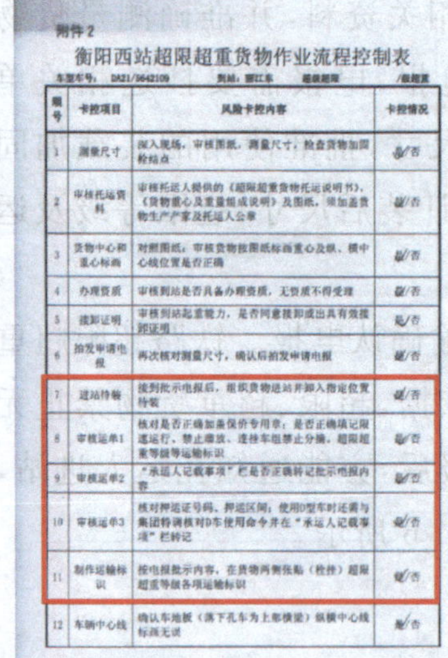

附件2

衡阳西站超限超重货物作业流程控制表

车型车号：DA21/5642109　　到站：丽江东　　超级超限　　/级超重

顺号	卡控项目	风险卡控内容	卡控情况
1	测量尺寸	深入现场，审核图纸，测量尺寸，检查货物加固栓结点	是/否
2	审核托运资料	审核托运人提供的《超限超重货物托运说明书》、《货物重心及重量组成说明》及图纸，须加盖货物生产厂家及托运人公章	是/否
3	货物中心和重心标画	对照图纸，审核货物按图纸标画重心及纵、横中心线位置是否正确	是/否
4	办理资质	审核到站是否具备办理资质，无资质不得受理	是/否
5	接卸证明	审核到站起重能力，是否同意接卸或出具有效接卸证明	是/否
6	拍发申请电报	再次核对测量尺寸，确认后拍发申请电报	是/否
7	进站待装	接到批示电报后，组织货物进站并卸入指定位置待装	是/否
8	审核运单1	核对是否正确加盖保价专用章；是否正确填记限速运行，禁止溜放、连挂车组禁止分摘，超限超重等级等运输标识	是/否
9	审核运单2	“承运人记载事项”栏是否正确转记批示电报内容	是/否
10	审核运单3	核对押运证号码、押运区间；使用D型车时还需与集团特调核对D车使用命令并在“承运人记载事项”栏转记	是/否
11	制作运输标识	按电报批示内容，在货物两侧张贴（栓挂）超限超重等级各项运输标识	是/否
12	车辆中心线	确认车地板（落下孔车为上部横梁）纵横中心线标画无误	是/否

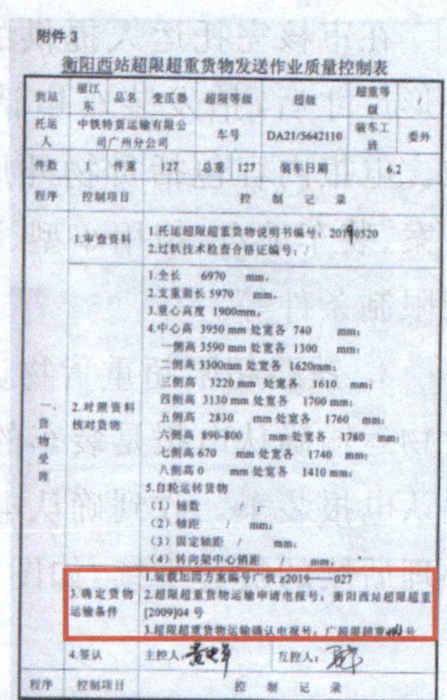

附件3

衡阳西站超限超重货物发送作业质量控制表

到站	丽江东	品名	变压器	超限等级	超级	超重等级	/
托运人	中铁特货运输有限公司广州分公司		车号		DA21/5642110	装车工班	委外
件数	1	件重	127	总重 127	装车日期	6.2	

程序	控制项目	控制记录
一、货物受理	1.审查资料	1.托运超限超重货物说明书编号：20190520 2.过轨技术检查合格证编号：/
	2.对照资料核对货物	1.全长　6970　mm。 2.支重面长 5970　mm。 3.重心高度 1900mm。 4.中心高 3950 mm 处宽各 740　mm； 一侧高 3590 mm 处宽各 1300　mm； 二侧高 3300mm 处宽各 1620mm； 三侧高　3220 mm 处宽各　1610　mm； 四侧高 3130 mm 处宽各　1700 mm； 五侧高　2830　mm 处宽各　1760　mm； 六侧高 890-800　mm 处宽各　1780　mm； 七侧高 670　mm 处宽各　1740　mm； 八侧高 0　mm 处宽各　1410 mm； 5.自轮运转货物 （1）轴数　/ ； （2）轴距　/　mm； （3）固定轴距　/　mm； （4）转向架中心销距　/　mm。
	3.确定货物运输条件	1.装载加固方案编号广铁 z2019——027 2.超限超重货物运输申请电报号：衡阳西站超限超重[2009]04 号 3.超限超重货物运输确认电报号：广超限超重[illegible]号
	4.签认	主控人：[illegible]　互控人：[illegible]
程序	控制项目	控制记录

图 4-4-6　铁路超限超重货物确认电报

（二）装车

1. 货物进站后，再次核对货物外形尺寸是否与申请电报相符，如图 4-4-7 所示。

图 4-4-7　核对外形尺寸

2. 通知车辆部门检查车辆，确认车辆技术状态良好，车型与确认电报相符，测量车底板高度。

3. 在车底板（车辆）上标画纵横中心线，确定装车区域、跨装支距、横垫木间距离。

4. 货物总重心投影位于车辆纵横中心线交叉点上，如图 4-4-8 所示。

图 4-4-8　货物总重心与车辆纵横中心线重合

5. 货物严格按装载加固方案进行加固，如图 4-4-9 所示。

图 4-4-9　货物按装载加固方案加固

6. 检查车辆旁承，确认货物装载均衡，符合装载要求。

7. 在货物与车辆接触面外侧轮廓处标画检查线，以方便沿途检查货物是否发生移动；在货物两侧粘贴、刷印超限等级、超重等级、限速标识，插挂货车表示牌，如图4-4-10所示。

图 4-4-10　标画检查线

8. 对货物装后尺寸进行复测，超出电报尺寸时，需重新申请，如图 4-4-11 所示。

9. 超限超重货物挂运申请电报(图 4-4-12)：

(1)主送、抄送单位要准确，记明超限超重确认电报号；

(2)挂运申请电报中，必须记载超限超重主车车号，有隔离车、游车的车号也必须记载；

(3)明确检查完毕的时间。

二、装车作业	1.装车前准备	1.车型、车种、车数符合电报要求，车况良好。（√） 2.车地板：（1）长度 25030 mm；（2）宽度 2700mm；（3）平均高度　940　mm； 3.已标划车地板纵横中心线。（√）
	2.检查货物装载加固状态	1.货物重心偏移车地板中心线量：纵向　75 mm，横向 0 mm。 2.重车重心高：1958 mm。 3.车辆转向架旁承符合要求。（√） 4.加固材料、装置和加固方法符合方案要求。（√） 5.跨装车组提钩杆已捆绑牢固，车钩缓冲停止器已安装。（√） 6.带动力的设备传动装置已断开，制动装置全部制动，变速器已置于初速位置、旋转位置已锁定牢固。（√）
	3.对照电报复核	1.货物突出端梁尺寸：／mm，符合要求。（√） 2.货物底部与游车车地板的距离　／mm，符合要求。（√） 3.货物突出端与游车所装货物距离　／mm，符合要求。（√） 4.超限货物装车后尺寸不大于批示电报尺寸。（√） 5.重车重心高　mm，货物支重面长度　mm，符合要求（√）
	4.标画货物检查线及拴挂书写表示牌	1.超限货物已标画货物检查线。（√） 2.已拴挂或书写超限超重货物等级表示牌。（√） 3.已安插货车表示牌。（√）
	5.填写超限货物运输记录	1.已填写正确，相关单位已确认。（√） 2.一份已随运输票据同行。（　） 3.一份已留站存查。（√）
	6.检查票据记载事项	运单（军运货票）已填写“×级超限~~×级超重货物~~”或“禁止溜放”、“~~限速连挂~~”、“~~运行速度××km/h~~”、“连挂车组、不得分摘”等内容。（√）
	7.签认	主控人：　　　　互控人：
主管站段长签认		

注：1、空白处请如实填记，括号内请确认后打“√”。

2、（一）货物受理签认：主控人为办理站超限超重货物运输作业人员，互控人为办理站所属物流车间主管人员。

（二）装车作业签认：主控人为办理站所属物流车间主管人员，互控人为办理站所属物流车间主管副主任或货运中心专业技术主管。

（三）主管领导签认：原则上由货运中心主管领导签认，可授权货运中心专业技术主管或主管超限超重货物运输的科室负责人签认。

2

图 4-4-11　对货物装后尺寸复测

铁路超限超重货物挂运申请电报

签发：肖勇　　核稿：王轶映　　拟稿人：贾建军

电　话：058048013

发报所名	电报号码	等级	受理日	时 分	收到日	时 分	值机员

主送：广铁（集团）公司调度所、军调

抄送：广铁（集团）公司货运处　衡阳西站（衡阳车段）

长沙货运中心安教科、物流调度科

奉：铁总超限超重 482 号、广超限超重 343 号电报衡阳西站经滩头湾、威舍到昆明局丽江东站变压器 3 件，装运车号：DA21/5642109、DA21/5642110、DA21/5642111；上述货物为超级超限；KMN；允许通过最小曲线半径 180m；允许侧向通过最小道岔号 9#；禁止溜放。

上车已于 2019 年 6 月 5 日 9 时装载检查完毕，经复核确认装载加固良好、符合批示电报要求，请求挂运。

衡阳西站超限超重挂运〔2019〕4 号

长沙货运中心衡阳西站

2019 年 6 月 5 日

图 4-4-12　超限超重货物挂运申请电报

10. 超限超重货物运输记录(图 4-4-13)：

手工填写或打印(甲页一式两份，乙页一份)，表格里填写货物信息、指定径路、装后尺寸、车辆信息、确认电报要求等。装车站、车辆段检车人员、车站负责人需进行签认并留存甲页一份；有纸质票据时，甲、乙页随同票据经沿途货检站对检查情况进行签认后，递送到站。电子票据需要在货运站系统中，填制“超限超重货物运输记录”。

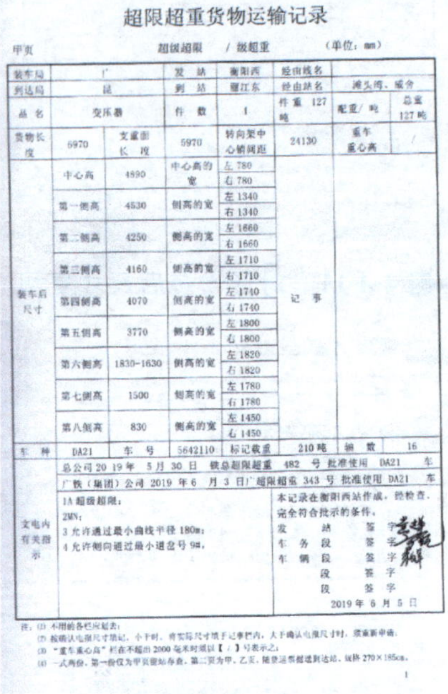

超限超重货物运输记录

甲页　　超级超限　/ 级超重　（单位：mm）

装车局	广		发　站	衡阳西	经由线名		
到达局	昆		到　站	丽江东	经由站名	滩头湾、威舍	
品　名	变压器		件　数	1	件重 127吨	配重/吨	总重127吨
货物长度	5970	支重面长度	5970	转向架中心销间距	24130	重车重心高	/
装车后尺寸	中心高	4890	中心高的宽	左 780 右 780	记　事		
	第一侧高	4530	侧高的宽	左 1340 右 1340			
	第二侧高	4250	侧高的宽	左 1660 右 1660			
	第三侧高	4160	侧高的宽	左 1710 右 1710			
	第四侧高	4070	侧高的宽	左 1740 右 1740			
	第五侧高	3770	侧高的宽	左 1800 右 1800			
	第六侧高	1830-1630	侧高的宽	左 1820 右 1820			
	第七侧高	1500	侧高的宽	左 1780 右 1780			
	第八侧高	830	侧高的宽	左 1450 右 1450			
车　种	DA21	车　号	5642110	标记载重	210吨	轴　数	16
文电内有关指示	总公司 20 19 年　5月 30 日　铁总超限超重　482　号 批准使用　DA21　车						
	广铁（集团）公司 2019 年 6　月 3 日广超限超重 343 号 批准使用 DA21　车						
	1A 超级超限； 2MN； 3 允许通过最小曲线半径 180m； 4 允许侧向通过最小道岔号 9#。				本记录在衡阳西站作成，经检查，完全符合批示的条件。 发　站　签　字 车　务　段　签　字 车　辆　段　签　字 段　签　字 段　签　字 2019 年 6 月 5 日		

注：(1) 不用的各栏应划去；

(2) 按确认电报尺寸填记，小于时，将实际尺寸填于记事栏内，大于确认电报尺寸时，须重新申请。

(3) “重车重心高”栏在不超出 2000 毫米时须以【 / 】号表示之；

(4) 一式两份，第一份仅为甲页留站存查，第二页为甲、乙页，随货运票据递到达站。规格 270×185cm。

1

图 4-4-13　装车流程

第五章　安全风险及管控措施

第一节　超　　载

一、原因分析

1. 货物规格与实际不符。

2. 计量设备故障。

3. 不按方案装车。

4. 选错车型。

5. 装车前车内留有残货。

6. 发站轨道衡过衡确认货物装载超载，未进行减吨处理，或减吨处理后未复衡确认不超载的。

二、管控措施

1. 装车前认真检车、核实货物规格，确保实际装车货物与计划装载货物规格相符。

2. 装载散堆装货物，轨道衡、汽车衡、电子秤、流量计、智能轮重测定仪五种确定重量的措施必须至少选用一种，否则不准装车。安装轨道衡的装车站应使用轨道衡确定装车重量。

3. 按方案装车货物执行方案规定车种车型和限制装

载重量。危险货物执行《铁路危险货物运输管理规则》规定车种车型和限制装载重量。

4. 货车增载执行《加规》附件6“铁路货车增载规定”。

5. 装车单位或货运人员做好装车前空车车内的检查和拍照。

6. 发站对轨道衡过衡数据进行盯控，发现超载车辆，通知车站进行甩车减吨处理，减吨后重新过衡，确认无超载后，方可放行。

第二节　偏载偏重

一、原因分析

造成货车偏载偏重的原因可能有装载不均、货物位移、重心不稳、货物重心位置有误、空车不空、散堆装货物撒漏等。

二、管控措施

1. 货物均衡装载，排列紧密，散堆装货物装车后应采取平顶等措施防止偏载偏重。

2. 货物装车后，应采取有效的防止位移的措施。按方案装车货物必须执行方案规定的装载方法和加固方法，防止不按方案装车或无方案装车。超限超重货物还须提供“三视图”并以“+”标明货物重心位置。

3. 对重量重心不明货物和混装货物，装车后须使用轮重测定仪或超偏载检测装置检测验证，方可放行。

4. 做好卸车后检查确认工作，防止排空车辆空车不空问题发生。

5. 禁止使用技术状态不良的货车，尤其是车地板、车门、端侧墙等有破洞的车辆。装载散堆装货物的车辆车门缝隙应密贴，车门缝隙有撒漏可能时应采取有效堵漏措施。

第三节　货物（含衬垫物、包装材料等）坠落

一、原因分析

1. 选车不当、车体不良：棚车门窗关闭不良；敞车车门缝隙较大或关闭不良。

2. 按方案装车货物不按方案装车或无方案装车。

3. 货物状态不良，零配件脱落。

二、管控措施

1. 装车前，应选用技术状态良好的货车。

2. 按方案装车货物必须执行方案规定的装载方法和加固方法，防止不按方案装车或无方案装车；装车前认真检查装载加固材料质量，确保装载加固材料符合方案规定，并正确使用装载加固材料。

3. 托运人托运货物，应根据货物的性质、重量、运输种类、运输距离、气候以及货车装载等条件，使用符合运输要求、便于装卸和保证货物安全的运输包装。有国家包装标准或国铁集团包装标准（行业包装标准）的，按国家标准或国铁集团标准（行业标准）进行包装。

货物的运输包装不符合前款要求时，应由托运人改善后承运。

对没有统一规定包装标准的，车站应会同托运人研究制定货物运输包装暂行标准，共同执行。对于需要试运的货物运输包装，除另定者外，车站可与托运人商定条件组织试运。

承运人同托运人应积极开展集装化运输，保证货物安全。

4. 认真检查货物状态，存在脱落风险的零部件，应采取有效加固措施或拆除，在由托运人改善并符合要求后方可办理运输。

第四节　货物或装载加固材料侵限

一、原因分析

1. 货物位移或窜滚。
2. 加固线断裂或松脱。
3. 货物活动或旋转部件加固不良。

二、管控措施

1. 按方案装车货物必须执行方案规定的装载方法和加固方法，防止不按方案装车或无方案装车，确保装载加固状态良好。

2. 装车前应加强加固材料质量检查，应选择符合要求的加固材料，确保装载加固材料符合方案规定，并正确使用装载加固材料。

3. 易于旋转或有门窗等活动部位的货物装车时，托运人应将旋转和活动部位锁闭固牢；锁闭装置失效的，应采取有效的加固措施。货物自带的苫布、防护衣、伪装网及其捆绑绳索质量不良的，在由托运人改善并符合要求后方可办理运输。货物具有活动或旋转部件时，必须锁定或使用加固线加固牢靠，托运人向货运站出具“货物活动或旋转部件锁定加固证明书”存查。

第六章 案例分析

第一节 装载加固案例分析

【案例 6-1-1】某站装运一车纯碱如图 6-1-1 所示，请指出其违章之处及依据。

图 6-1-1 图例 1

答：(1)货物堆码不整齐。违反《加规》第二十一条“装载成件包装货物时，应排列紧密、整齐”。

(2)货件超出车辆端侧墙顶面未按规定向内收缩。违反《加规》第二十一条“当装载高度或宽度超出货车端侧墙（板）时，应层层压缝，梯形码放，四周货物倾向中间”。

(3)上封式绳网未系紧。违反《加规》附件 5“上封式绳网使用时，向上翻起绳网，拉紧系绳，将起脊货物通过绳网上的系绳捆绑成一体”。

【案例 6-1-2】某站使用敞车装载钢管，使用钢丝绳、紧线器等加固材料，请指出图 6-1-2（装车照片局部）中装载加固方面的违章之处。

图 6-1-2　图例 2

答：违反钢丝绳、钢丝绳夹、螺旋式紧线器的使用方法：

(1)钢丝绳绳头余尾长度应控制在 100～300 mm 之间。

(2)固定单股钢丝绳端头时，使用钢丝绳夹的数量不得少于 3 个，且应同一方向扣装；两根钢丝绳搭接时，用不少于 4 个钢丝绳夹正反扣装并紧固。

(3)搭接钢丝绳时，钢丝绳夹的夹座必须扣装在主绳一侧。

(4)钢丝绳夹的间距为6～7倍钢丝绳直径。

(5)使用"OC型"或"CC型"螺旋式紧线器时，须采取措施防止拉牵绳从紧线器开口处脱出。

【案例6-1-3】A站装卷钢，车号C64H 4899563，货检站检查全车装6件，件重9.2 t，使用型号9 t的凹形草支垫，如图6-1-3所示，请指出存在哪些问题？

图6-1-3　图例3

答：主要问题：

(1)凹形草支垫外侧与卷钢边缘未对齐。

(2)凹形草支垫只在端部采取阻燃措施，其他部位未采取，不符合要求，且车地板有烟头。

(3)凹型草支垫与卷钢之间夹带塑料布，降低摩擦系数，且按《加规》附件1，使用凹形草支垫应兜头拉牵，该货物未见兜头加固线。

(4)应使用承载能力较大的上一吨位的凹形草支垫(应选用型号12 t的凹形草支垫)。

【案例 6-1-4】某站装运一车卷钢(C_{64K} 4828412)，途中经超偏载仪检测发现偏重 15 t，扣车核实立装卷钢 2 件各 26 t，卷径 1750 mm，板宽 1800 mm，使用稻草绳把呈辐射状衬垫，2 件卷钢分别前窜 1 500 mm、1 000 mm，如图 6-1-4所示。请指出该车装载主要存在哪些问题？

图 6-1-4　图例 4

答：存在主要问题：

(1)违反《加规》第五十五条“立装时，卷钢的直径宜大于本身高度，不满足时应采取有效的防止倾覆和位移的措施。卷钢无论立装、卧装或集束立装，卷钢(组)本身应用镀锌铁线、盘条或钢丝绳等与车体捆绑加固。卷钢使用敞车装运时，应采取有效的防滑措施”的要求；

(2)违反《加规》附件 1 第 070301 号定型方案中加固方法“1. 卷钢与车地板之间加垫稻草垫。2. 用钢丝绳双股(单根直径 11 mm)或盘条(ϕ6. 5 mm 8 股)对每件卷钢反又字拉牵加固，拴结在车侧丁字铁上，拉牵高度不得小于卷钢板宽 1/2。3. 每件卷钢上至少在对称的两处用挂钩将拉牵绳吊挂牢固”的规定。

【案例 6-1-5】某站使用一辆 C_{64H} 装运 5 件规格相同的钢板，按照货物装载加固 070204 号定型方案要求装车。请指出图 6-1-5（装车照片局部）中装载加固方面的违章之处。

图 6-1-5　图例 5

答：(1)装车前未彻底清扫车地板，车地板有末煤，从而降低了摩擦系数。违反《货规》第 25 条规定，承运人应拨配状态，清扫干净的货车装运货物。装车前，装车单位应对车厢的完整和清洁状况进行检查。

(2)违反货物装载加固 070204 号方案中规定，钢板装载偏载。

(3)钢板搭头端与下一层钢板之间应铺垫稻草垫。

第二节　事故案例分析

【案例 6-2-1】车门装载加固不良造成车门打开，在区间停车处理一般 D 类事故

事故概况：2018 年 12 月 16 日 9 时 28 分，22001 次列车在××线甲站被发现尾部第 9 位敞车（车号：C_{64K} 4886180，发站：乙，到站：丙，品名：通二重二）运行方向左侧第三个边门打开，车站呼停列车在区间加固处理后放行。铁路局集团公司安监室组织调查分析，定性为一般 D 类（D10）事故，列 A 专用线主要责任，B 货运中心重要责任，车辆和货检次要责任。

事情经过：

1. 车辆到达交接检查。

12 月 14 日 6 时 41 分，丁站编 41090 次终到戊站，全列 47 辆均为回送空集装箱，C_{64K} 4886180 在机后第 19 位。14 日 17 时 30 分，铁路调车机车将到达车辆送入 A 专用线，其中专 1 线 8 辆，专 2 线 39 辆，该车在专 2 线。专用线货运员吉某某会同企业运输员张某某检查到达车辆并对照到达清单核对集装箱箱号。

2. 卸车作业。

12 月 15 日 10 时 00 分，A 专用线现场负责人阳某某组织企业运输员张某某、正面吊司机及辅助作业人员召开车边会，布置当日装卸车计划及注意事项。张某某会同装卸作业人员对集装箱与车辆进行卸车前检查后，开

始卸车作业,11 时 20 分卸车作业完毕。

3. 装车前检查与装车作业。

12 月 15 日 A 专用线装车计划为:装载重箱 30 组、回送破损空箱 9 组,其中 C_{64K} 4886180 计划装到达丙站的通二重(箱号:3797038、4471961)。装车前企业运输员张某某对待装车辆进行检查,发现该组车车门缝隙大部分使用堵漏泡沫粘固,其中 C_{64K} 4886180 发生问题的底开门搭扣被泡沫胶覆盖。企业运输员对底开门检查确认不仔细,未发现 C_{64K} 4886180 底开门折页折断、车门假关闭的安全隐患。11 时 30 分开始装车,13 时 20 分装车完毕。

4. 装车后交接检查。

13 时 30 分至 14 时 07 分,专用线货运员吉某某会同企业现场负责人阳某某对专 2 线 39 辆车的集装箱装载情况、稻草掩挡安放情况及车门关闭加固情况进行交接检查,检查时重点确认敞车中门关闭加固情况并拍照,对底开门边行走边检查,检查后双方签认“货车调送单”办理交接手续,通知运转作业完毕,可以取车。

5. 上线前检查。

15 时 40 分,专 2 线 39 辆车从 A 专用线取出,停于戊站内 5 道。戊站班组安全员全某某会同外勤货运员谢某某再次对专用线出车车辆进行出发前检查,核对车号,检查车辆外观状态,未发现异常情况,检查完毕后到车站运转室签认“列车到发占线簿”。上述车组在戊站编成 45028 次,16 时 25 分开到乙站,编成 22001 次列车发出。

原因分析：

1. A 专用线在 C_{64K} 4886180 卸后装车作业不到位，造成问题车辆上线，是事故发生的主要原因。

(1)专用线违反《货规》第 30 条“负责卸车的单位在卸车时，卸空后的货车应清扫干净，车门、车窗、端侧板、冷藏车冰箱盖、罐车盖、阀等要关闭妥当”的规定，没有对卸车前后的车辆进行检查并加固车门。

(2)专用线装车前检查流于形式，装车前检查时未发现该车第三个边门小门折页已经损坏这一严重缺陷，也就没有按照“专用线运输安全协议”第 4 条第七款第 2 项要求“提出调换车辆或者采取改善措施”。不但未提出调换车辆，甚至还存在拆除既有改善措施的可能。

(3)专用线作业人员业务不熟，虽然三名企业运输员参加了中心组织的企业运输员培训班，从调查情况反映专用线企业运输员不熟悉作业流程，检查项目不明确等问题仍然很突出。

2. B 货运中心××车间××班组现场作业流于形式，班组安全管理失控。

(1)专用线货运员、外勤货运员、班组安全员执行作业标准不到位，在交接检查过程中，确认联控不仔细，多次错失防止问题车辆上线的机会。

(2)班组未根据实际情况制定专用线交接检查流程，作业重点不明确，过多介入本属于专用线的装车前检查和装车过程中组织工作，对需要重点落实的专用线交接检查工作重点不突出。

3. B货运中心××车间安全生产责任制不落实，是事故发生的管理原因。车间管理人员不善作为，安全风险研判不彻底，安全管控措施制定不细、执行不实，安全隐患排查治理不力、流于形式。

4. B货运中心职能科室专业管理不到位。安全教育科作为专业主管科室和责任包保科室，对××车间安全管理上存在的不足未引起足够重视，未采取有效手段进行安全深度分析与安全帮促，未跟踪并督促车间彻底整治安全隐患。

【案例6-2-2】未按方案装车，中断正线行车一般A类事故

事故概况：2008年2月25日2时25分，在铁路局管内×××线甲—乙站间下行线K40＋500处，31071次货物列车机后第10至14位发生脱轨，其中第14位侵入上行线，中断×××线下行正线行车6 h 40 min、上行正线行车3 h 55 min，构成一般A类事故。

机后第10位货车（C_{62A}4516587），发站：丙，到站：丁，品名：玻璃，包装：木箱，票号：E057698，托运人：赵某某，收货人：李某某。第11～14位为空罐车。C_{62A}4516587货物翻落于路基下，可见包装为木格箱，车内玻璃全部破碎，现场如图6-2-1所示。

事情经过：

2008年2月21日，托运人请求托运玻璃，玻璃规格为：长×宽×高为3 400 mm×195 mm×2 540 mm，木箱包装，件重2.4 t，件数24件，到站丁站。车站按照规定进行

图 6-2-1　图例 6

受理，办理承运，并在运单右上角加盖了“限速连挂、禁止溜放”。上午 8 时 30 分使用 C_{62A}4516587 车开始装车。玻璃为木箱包装，计划执行装载加固暂行方案装车，全车装三垛货物，每垛 8 件，分别装在货车两端及中部，装载均衡，并用 2 000 mm 长的木板在货件两端上、中、下部钉固。10 点装车作业完毕，监装货运员孙某和货运值班员王某某联合检查装车质量并签认。之后该车苫盖篷布两块，并在车辆上插放“限速连挂”和“禁止溜放”，制票后于当晚 21 时 43 分挂 49006 次列车从装车站出发。2 月 23 日、24 日第 10 位货车先后经戊站超偏载检测装置、TPDS 已检测点、庚站超偏载检测装置，检测结果均未见异常。2 月 25 日 0 时 01 分经 TPDS 检测点检测发现，货物总重心左偏 301 mm，TPDS 报警一级（严重）偏载。2 月25 日 2 时 25 分，在铁路局管内×××线甲一乙站间下行线 K40＋500 处，发生脱轨（图 6-2-2）。

图 6-2-2　图例 7

原因分析：

1. 未按规定的装载加固方案装车。加固时应用木板分上、中、下 3 处横向将对应斜靠侧墙的 2 组货物顶紧，并用圆钉钉牢；而实际只在每组货件两端的上、中、下部各用一块加固木板钉固。

2. 使用的加固材料不符合方案规定要求。

(1)未按方案装车，作业违章现象严重：在货物受理、装车和装后质量检查等关键环节存在违章作业现象。

2008 年 2 月 21 日上午，托运人请求托运玻璃，玻璃规格为：长×宽×高为 3 400 mm×195 mm×2 540 mm，件重 2.4 t，件数 24 件，到站丁站。上午 7 时许，托运人委托运输代理及装卸公司用汽车 1 辆将待装玻璃 24 件及加固材料（木板、圆钢钉、钢带、木楔）拉至车站 1 道旁，车站值班员进行受理，对货物和加固材料与运单进行核对验收，但没有清点加固材料的数量和规格。装车前，当班货运员对待装车辆 C_{62A}4516587 进行检查确认后，没有对货物及加固材料进行复检，没有对装卸工班布置装载加固方案。装车过程中，没有检查到货物没按装载加固方案装车。装车后，货运值班员王某某和货运员孙某联合检查时没有认真检查是否按方案装车。在签认装车质量时，填写不认真，有错写、漏填的现象。检查、签认流于形式。

(2)职工业务素质差，工作极不负责。

装车货运员孙某是2007年12月25号从货2道负责监装矿转岗到站1道监装玻璃的，一直没有进行新岗位业务培训。该货运员不懂玻璃装载加固方案，不知如何填写装车质量签认单。货运值班员王某某在检查时发现了实际装载加固方法与方案不符的情况下，盲目迁就货主，没有要求装车单位重新整装，仍将有严重安全隐患的车辆放行，安全意识薄弱。

(3)安全监管不到，监督检查不到位、力度不强，对现场作业层面监控存在漏洞，无法杜绝职工违章作业现象。

【案例6-2-3】散堆装货物撒漏，打坏车窗玻璃一般C类事故

事故概况：2008年7月12日20时58分，××次列车运行至×××线甲—乙站之间，与下行线通过的57055次货物列车交会时，因57055次部分车辆车门变形关闭不严，造成货物撒漏，打坏××次6号车厢(RW554399)包房、乘务间及厕所右侧7块车窗玻璃。构成铁路交通一般C类事故。

原因分析：57055 次列车中挂有到达丙站的 10 辆矿渣车，矿渣为直径 1～10 mm 的颗粒状圆形货物，经检查发现，10 辆矿渣车中 6 辆运行方向右侧边门关闭不严密，车门缝隙较大的有 10 个，最大间隙 26 mm，且未用任何物品堵塞。当 57055 次货物列车与××次旅客列车交会时，由于负压作用，货车中装载的矿渣瞬间从车门缝隙处向外滚动泄漏，击打列车，造成××次机后 12 位车辆运行方向右侧玻璃破碎，破碎的玻璃在运行中因震动逐渐松散，在与高速运行的列车交会时，玻璃碎块脱落击打后部相邻车辆及邻线列车玻璃，导致多列旅客列车多块玻璃破碎。

【案例 6-2-4】石油钻采设备侧门脱落刮打客车一般 C 类事故

事故概况：2011 年 4 月 24 日 22 时 45 分，TD80312 次货物列车运行至×××线甲—乙站间与××次旅客列车会车时，机后第 16 位货车（车号：NX_{17BK}5285070，发站：丙，到站：丁，装载货物品名：石油钻采设备，发货人：A 公司，装车专用线：B 公司专用线危货 1 道，托运人自装）列车运行方向右侧侧门开放脱落，将××次旅客列车车厢 11 块玻璃打碎，并造成机车、车辆多处划痕。22 时 53 分，×××次客车运行至 K96＋800 处，机车撞击脱落的设备侧门，造成机后第 1 位客车下部总风管与支管三通处断开。

该事故构成铁路交通一般 C 类（C17）事故，定××× 铁路局装车站主要责任。

原因分析：

1. 货物本身存在缺陷：装车单位已将石油钻采设备侧门关上，但未启用门上防盗锁的防盗功能将门锁闭；侧门处虽加焊了2个铁条用于防盗和加固，但由于铁条较薄，与设备焊接处底漆未清除且虚焊，列车运行过程中开焊脱落。

2. 方案存在缺陷：×××铁路局在审批制定该种结构复杂、安全关键环节多的设备的装载加固方案时，没有把握设备结构特性，方案中没有对设备侧门锁闭提出专门要求。

3. 车站未严格按方案装车，装车过程中安全把关不到位。装车时实际使用的加固材料和防磨衬垫材料与装载加固暂行方案要求不符。装车后车站仅凭托运人提出的“铁路运输货物锁闭状态保证书”进行交接，没有检查出设备侧门关而未锁、焊而不牢的问题，没有对设备内部散装部件加固情况进行检查，并且装载加固质量签认流于形式，管理干部存在漏签问题。

【案例6-2-5】货物侵限导致事故

事故概况：2014年1月21日，×××线11077次运行至甲站，助理值班员发现机后第42位车辆（车号：C_{70}1552510，乙—丙站大豆）运行方向右侧有装载的货物悬挂在车辆外侧，车站组织甩车处理，构成铁路交通一般C类事故，定发站乙站全部责任。

原因分析：乙站装大豆时对超出车帮的货物未做到层层压缝、四周货物倾向中间装载，同时上封式绳网对货物加固不力，运行中货物滑落。

【案例 6-2-6】货物或装载加固装置坠落导致事故

事故概况：2007 年 4 月 20 日 15 时 08 分，24406 次货物列车（×××机务段机车 SS_{3B} 型 5032 号机车牵引）运行至 A 局×××线甲至乙站间 K440＋550 处，机后第 21 位桥梁专用平板车（N_{15}0311864，A 局线桥分公司自备车）上的桥梁转向架上架体坠落，将站间回流线 9 号支柱打断，构成行车险性事故（图 6-2-3）。列 A 局主要责任，列 B 公司 C 铁路有限责任公司×××机辆段重要责任，丙站、丁站次要责任。

图 6-2-3　图例 8

原因分析：

1. 装车源头上规章制度不落实。《关于 N_{15} 型运梁专用平车管理办法的通知》（铁运字 585 号）明确规定："N_{15} 型运梁专用平车的运梁转向架是以车地板和转向架盘构成一体的，斜支撑排架随车携带，是配属车辆的上部设备，必须认真管理"，但 A 局线桥分公司严重违反规定，N_{15} 型运梁专用平车上的转向架上架体与下架体未使用中心铁销固定，加固铁线与桥梁转向架上下架体棱角接触处未采取防磨措施，导致上、下架体在运行中发生纵、横向滑动，架体棱角磨断加固铁线，两个上架体分别在区间坠落。

2. 过轨把关上技检不严。在6辆 N_{15} 型专用平车上的运梁转向架未安装中心铁销、斜支撑排架捆绑加固有明显缺陷的情况下，B公司C铁路有限责任公司×××机辆段×××列检所口没有严格执行《铁路货车运用维修规程》规定，未对专用平车技术状态认真进行检查，就不负责任地做出符合国铁货车运用规定的结论，并出具了过轨技检合格证，使技术状态不良的企业自备车进入国铁。

3. 监控监护上执行不力。“4·20”险性事故中 N_{15} 型专用平车虽按空车托运，但车上明显装载着桥梁转向架等货物，并进行了捆绑加固，但承运站没有认真履行监控职责，导致有装载加固缺陷的车辆上线运行；同时，押运人员不了解货物特性，没有及时发现危及安全的隐患，反映出监控监护不力。

4. 货检卡控上作业不认真。“4·20”事故中的装载加固不良车辆，连续经过三个货检站，但货检人员均未发现存在的严重隐患，错过了防止事故发生的最后时机。

附 录

附录 1 台账清单及填记模板

附录 1-1 超限超重货物运输记录

甲页　　　　　　×级超限　　×级超重　　　　(单位:mm)

<table>
<tr><td>装车局</td><td colspan="2"></td><td>发　站</td><td></td><td>经由线名</td><td colspan="2"></td></tr>
<tr><td>到达局</td><td colspan="2"></td><td>到　站</td><td></td><td>经由站名</td><td colspan="2"></td></tr>
<tr><td>品　名</td><td colspan="2"></td><td>件　数</td><td></td><td>每件重　吨</td><td>配重　吨</td><td>总重　吨</td></tr>
<tr><td>货物长度</td><td></td><td>支重面长　度</td><td></td><td>转向架中心销间距离</td><td></td><td>重车重心高</td><td></td></tr>
<tr><td rowspan="10">装车后尺　寸</td><td rowspan="2">中心高</td><td rowspan="2"></td><td rowspan="2">中心高的宽</td><td>左</td><td rowspan="10">记　事</td><td rowspan="10" colspan="2"></td></tr>
<tr><td>右</td></tr>
<tr><td rowspan="2">第一侧高</td><td rowspan="2"></td><td rowspan="2">侧高的宽</td><td>左</td></tr>
<tr><td>右</td></tr>
<tr><td rowspan="2">第二侧高</td><td rowspan="2"></td><td rowspan="2">侧高的宽</td><td>左</td></tr>
<tr><td>右</td></tr>
<tr><td rowspan="2">第三侧高</td><td rowspan="2"></td><td rowspan="2">侧高的宽</td><td>左</td></tr>
<tr><td>右</td></tr>
<tr><td rowspan="2">第四侧高</td><td rowspan="2"></td><td rowspan="2">侧高的宽</td><td>左</td></tr>
<tr><td>右</td></tr>
<tr><td>车　种</td><td></td><td>车　号</td><td></td><td colspan="2">标记载重　　吨</td><td>轴数</td><td></td></tr>
<tr><td rowspan="3">文电内有关指示</td><td colspan="7">国铁集团　年　月　日　国铁集团超限超重　号
批准使用　　车</td></tr>
<tr><td colspan="7">铁路局集团公司　年　月　日　超限超重　号
批准使用　　车</td></tr>
<tr><td colspan="4"></td><td colspan="3">本记录在____站作成,经检查符合确认的条件
发　站　签字
段　签字
段　签字
段　签字
段　签字
年　月　日</td></tr>
</table>

注:(1)不用的各栏应划去;

(2)按确认电报尺寸填记,小于确认电报尺寸时,将实际尺寸填于记事栏内,大于确认电报尺寸时,必须重新申请;

(3)“重车重心高”栏在不超出 2 000 mm 时须以[/]号标示之;

(4)一式两份,第一份仅为甲页留站存查;第二份为甲、乙页,随货运票据送到达站。

(规格 270 mm×185 mm)

附录 1-2　废钢铁、箱装玻璃和料石装车站申请表

<table>
<tr><td>申请业务</td><td colspan="5"></td></tr>
<tr><td rowspan="3">装车站
情　况</td><td colspan="2">营业办理范围</td><td colspan="3"></td></tr>
<tr><td rowspan="2">装载加固
主管</td><td>姓　　名</td><td></td><td>学　　历</td><td></td></tr>
<tr><td>从事货运管
理工作年限</td><td></td><td>培训证号</td><td></td></tr>
<tr><td>车　　间
审核意见</td><td colspan="5">批准人(副主任或主任)：　　　　(审核部门公章)
经办人(装载加固主管)：　　　　年　月　日</td></tr>
<tr><td>货运站段
审核意见</td><td colspan="5">批准人(主管科长或领导)：　　　　(审核部门公章)
经办人(装载加固主管)：　　　　年　月　日</td></tr>
<tr><td>货运部
审核意见</td><td colspan="5">(审核部门公章)
批准人(主管科长)：
经办人(装载加固主管)：　　　　年　月　日</td></tr>
</table>

附录 1-3　货物装载加固暂行方案申报/审批表

自编号：　　号　　　　　　　　　　　　　　　　　单位：mm

<table>
<tr><td rowspan="7">托运人填写</td><td>发　站</td><td colspan="2"></td><td>到站(局)</td><td colspan="6"></td></tr>
<tr><td rowspan="2">货物名称</td><td rowspan="2">件数</td><td rowspan="2">件重</td><td rowspan="2">外形尺寸
长×宽×高</td><td rowspan="2">支重
面长
(轴距)
×宽</td><td colspan="5">重心位置</td></tr>
<tr><td>离底面高</td><td>离前端</td><td>离后端</td><td>离左侧</td><td>离右侧</td></tr>
<tr><td></td><td></td><td></td><td></td><td></td><td></td><td></td><td></td><td></td><td></td></tr>
<tr><td></td><td></td><td></td><td></td><td></td><td></td><td></td><td></td><td></td><td></td></tr>
<tr><td></td><td></td><td></td><td></td><td></td><td></td><td></td><td></td><td></td><td></td></tr>
<tr><td>活动部位情况及装载、运输安全要求</td><td colspan="3"></td><td colspan="6">经办人：　　（托运人签章）
电　话：　　年　月　日</td></tr>
<tr><td>车间审核意见</td><td colspan="4">(车间公章)
审核人(车间装载加固主管)：
电话：　　年　月　日
经办人(装车站装载加固主管)：
电话：　　年　月　日</td><td>货运站段审核意见</td><td colspan="5">(审核专用章)
审核人(主管科长或领导)：
电话：　　年　月　日
经办人(装载加固主管)：
电话：　　年　月　日</td></tr>
<tr><td rowspan="2">审批单位意见</td><td>批准方案编　号</td><td colspan="3"></td><td>有效期限</td><td colspan="5"></td></tr>
<tr><td colspan="10">(审批专用章)
批准人：　　年　月　日　　经办人：　　年　月　日</td></tr>
</table>

注：(1)货运站段审批的，“货运站段审核意见”栏不需填写。

(2)一式四份(货运站段审批的一式三份)。

(3)托运人是个人的应提供其身份证复印件。

(4)规格：A4 纸。

附录 1-4　按方案装车货物装车质量签认单

装车日期：　年　月　日

<table>
<tr><td>到站</td><td></td><td>品名</td><td></td><td>装车地点</td><td></td><td>方案号</td><td></td></tr>
<tr><td rowspan="7">装载加固方案执行情况</td><td colspan="3">检查项目</td><td>检查结果
(相符打“√”)</td><td colspan="3">智能轮重测定仪结果记录
(或粘贴结果记录单)</td></tr>
<tr><td colspan="3">1. 货物品名、规格、件重、件数、重心位置等是否相符?</td><td></td><td colspan="3" rowspan="7">车种车号：
日期及时间：
1号轮：
2号轮：
3号轮：
4号轮：
5号轮：
6号轮：
7号轮：
8号轮：
总　重：
偏　重：
偏　载：
自　重：
货　重：
测量地点：
操作人员：</td></tr>
<tr><td colspan="3">2. 使用车种车型车数是否相符?</td><td></td></tr>
<tr><td colspan="3">3. 装载加固材料及装置的名称、规格、数量是否相符?</td><td></td></tr>
<tr><td colspan="3">4. 装载方法是否相符?</td><td></td></tr>
<tr><td colspan="3">5. 加固方法是否相符?</td><td></td></tr>
<tr><td colspan="3">6. 其他要求是否相符?</td><td></td></tr>
<tr><td>车号</td><td colspan="3"></td><td></td></tr>
<tr><td>检查人员签名</td><td>主控人</td><td></td><td>互控人</td><td></td><td>货运管理人员</td><td colspan="2"></td></tr>
</table>

注：(1)签认本单需对照货物装载加固方案。

(2)未使用智能轮重测定仪时不必填写“智能轮重测定仪结果记录”。

(3)主控人为装车货运员，互控人为货运值班员、安全员或装载加固主管。大件货物还需货运管理人员签认。

(4)同一到站同一装车地点同一方案号的同一批作业可一批填写该单。

(5)规格：A4 纸。

附录 1-5 ______站卷钢装载加固质量签认单(途中检查站)

顺号	日期	车次	发站	到站	车种车型车号	件数	同一车次、同一发到站、同一件数的其他车的车种车型车号	检查情况	货检员签认及时间	货检值班员签认及时间	备注

附录 1-6　超限超重货物托运说明书

<table>
<tr><td colspan="2">发　局</td><td colspan="2"></td><td>到　局</td><td colspan="2"></td><td colspan="4">预计装后尺寸(mm)</td></tr>
<tr><td colspan="2">发　站</td><td colspan="2"></td><td>到　站</td><td colspan="2"></td><td colspan="2" rowspan="3">由轨面起高度</td><td colspan="2" rowspan="2">由车辆纵中心线起</td></tr>
<tr><td colspan="2">装车地点</td><td colspan="2"></td><td>卸车地点</td><td colspan="2"></td></tr>
<tr><td colspan="2">品　名</td><td colspan="2"></td><td>件　数</td><td colspan="2"></td><td>左宽</td><td>右宽</td></tr>
<tr><td colspan="2">每件重量</td><td></td><td>总重量</td><td></td><td>重心位置</td><td></td><td>中心高</td><td></td><td></td><td></td></tr>
<tr><td colspan="2">货物长度</td><td colspan="2"></td><td>支重面长度</td><td colspan="2"></td><td>侧高</td><td></td><td></td><td></td></tr>
<tr><td rowspan="4">高度</td><td>中心高</td><td></td><td rowspan="4">宽度</td><td>左</td><td colspan="2">右</td><td>侧高</td><td></td><td></td><td></td></tr>
<tr><td>侧高</td><td></td><td>左</td><td colspan="2">右</td><td>侧高</td><td></td><td></td><td></td></tr>
<tr><td>侧高</td><td></td><td>左</td><td colspan="2">右</td><td>侧高</td><td></td><td></td><td></td></tr>
<tr><td>侧高</td><td></td><td>左</td><td colspan="2">右</td><td>侧高</td><td></td><td></td><td></td></tr>
<tr><td colspan="2">要求使用车种</td><td colspan="2"></td><td>标记载重</td><td colspan="2"></td><td>侧高</td><td></td><td></td><td></td></tr>
<tr><td colspan="2">卸车时的要求</td><td colspan="5"></td><td></td><td></td><td></td><td></td></tr>
<tr><td rowspan="4">其他要求</td><td colspan="6" rowspan="4"></td><td colspan="3">车地板高度</td><td></td></tr>
<tr><td colspan="3">垫木、支架(座架)或转向架高度</td><td></td></tr>
<tr><td colspan="3">预计装在车上货物重心位置距轨面的高度</td><td></td></tr>
<tr><td colspan="3">重车重心高度</td><td></td></tr>
</table>

注:粗线栏内由铁路填记

＿＿＿＿＿发货单位＿＿＿＿＿戳记　＿＿＿＿年＿＿月＿＿日提出

附录 1-7 车站超限超重货物发送作业质量控制表

<table>
<tr><td>到站</td><td></td><td>品名</td><td></td><td>超限等级</td><td></td><td>超重等级</td><td></td></tr>
<tr><td>托运人</td><td colspan="3"></td><td>车　　号</td><td></td><td>装车工班</td><td></td></tr>
<tr><td>件数</td><td></td><td colspan="2">件重 A B C D</td><td>总重</td><td></td><td>装车日期</td><td>年　　月　　日</td></tr>
<tr><td colspan="2">程序</td><td>控制项目</td><td colspan="5">控　制　记　录</td></tr>
<tr><td colspan="2" rowspan="4">一、
货物受理</td><td>1. 审查受理资料</td><td colspan="5">1. 超限超重货物托运说明书。(　　)
2. 过轨技术检查合格证。(　)</td></tr>
<tr><td>2. 对照资料核对货物</td><td colspan="5">1. 全长　　　mm。
2. 支重面长　　　mm。
3. 重心高度　　　mm。
4. 中心高　　　mm 处宽各　　　mm;
一侧高　　　mm 处宽各　　　mm;
二侧高　　　mm 处宽各　　　mm;
三侧高　　　mm 处宽各　　　mm;
四侧高　　　mm 处宽各　　　mm;
五侧高　　　mm 处宽各　　　mm。
5. 自轮运转货物:(1)轴数　　;(2)轴距　　mm;
(3)固定轴距　　mm;(4)转向架中心销距　　mm。</td></tr>
<tr><td>3. 确定货物运输条件</td><td colspan="5">1. 装载加固方案编号:
2. 超限超重货物运输申请电报号:
3. 超限超重货物运输确认电报号:</td></tr>
<tr><td>4. 签认</td><td colspan="3">主控人:</td><td colspan="2">互控人:</td></tr>
<tr><td colspan="2" rowspan="2">二、
装车作业</td><td>1. 装车前准备</td><td colspan="5">1. 车型、车数符合电报要求,车况良好。(　　)
2. 车地板:(1)长度　　mm;(2)宽度　　mm;
(3)平均高度　　　mm。
3. 已标画车地板纵横中心线。(　　)</td></tr>
<tr><td>2. 检查货物装载加固状态</td><td colspan="5">1. 货物重心偏移车地板中心线距离:纵向　　mm,横向　　mm。
2. 重车重心高:　　　mm。
3. 车辆转向架旁承符合要求。(　　)
4. 加固材料、装置和加固方法符合方案要求。(　　)
5. 跨装车组提钩杆已捆绑牢固,车钩缓冲停止器已安装。(　　)
6. 带动力的设备传动装置已断开,制动装置全部制动,变速器已置于初速位置,旋转位置已锁定牢固。(　　)</td></tr>
</table>

续上表

<table>
<tr><th>程序</th><th>控制项目</th><th colspan="2">控　制　记　录</th></tr>
<tr><td rowspan="5">二、装车作业</td><td>3. 对照电报复核</td><td colspan="2">1. 货物突出端梁尺寸　　mm,符合要求。(　　)
2. 货物突出端与游车所装货物距离　　mm,符合要求。(　　)
3. 超限货物装车后尺寸不大于确认电报尺寸。(　　)
4. 重车重心高　　mm,货物支重面长度　　mm,符合要求。(　　)</td></tr>
<tr><td>4. 标画货物检查线及拴挂、书写表示牌</td><td colspan="2">1. 超限货物已标画货物检查线。(　　)
2. 已拴挂或书写超限超重货物表示牌。(　　)
3. 已安插货车表示牌。(　　)</td></tr>
<tr><td>5. 填写超限超重货物运输记录</td><td colspan="2">1. 已填写正确,相关单位已确认。(　　)
2. 一份已随运输票据同行。(　　)
3. 一份已留站存查。(　　)</td></tr>
<tr><td>6. 检查票据记载事项</td><td colspan="2">运单、货票已填写“×级超限×级超重货物”或“禁止溜放”,“限速连挂”,“运行限速×× km/h”,“连挂车组,不得分摘”等内容。(　　)</td></tr>
<tr><td>7. 签认</td><td>主控人:</td><td>互控人:</td></tr>
<tr><td colspan="2">主管领导签认</td><td colspan="2"></td></tr>
</table>

注:空白处请如实填写,括号内请确认后打勾。

附录 1-8　超限超重车辆挂运通知单

号　　　　　　　　　　　　　　　　　　　　级超限，　　　　级超重

<table>
<tr><td colspan="3">铁总超限超重　　　　号</td><td colspan="3">（外局）
超限超重　　　　号</td><td colspan="2">（自局）
超限超重　　　　号</td></tr>
<tr><td>发　站</td><td colspan="2"></td><td>到　站</td><td colspan="2"></td><td>品　名</td><td></td></tr>
<tr><td colspan="3">月　日　口　次接入</td><td colspan="3">月　日　口　次交出</td><td>件　数</td><td></td></tr>
<tr><td rowspan="10">车种车号</td><td rowspan="2">中心高　　mm 处</td><td>左宽　　mm</td><td rowspan="10">运行条件</td><td rowspan="10" colspan="4"></td></tr>
<tr><td>右宽　　mm</td></tr>
<tr><td rowspan="2">一侧高　　mm 处</td><td>左宽　　mm</td></tr>
<tr><td>右宽　　mm</td></tr>
<tr><td rowspan="2">二侧高　　mm 处</td><td>左宽　　mm</td></tr>
<tr><td>右宽　　mm</td></tr>
<tr><td rowspan="2">三侧高　　mm 处</td><td>左宽　　mm</td></tr>
<tr><td>右宽　　mm</td></tr>
<tr><td rowspan="2">四侧高　　mm 处</td><td>左宽　　mm</td></tr>
<tr><td>右宽　　mm</td></tr>
</table>

通知者　　　　　　　　　签认者　　　　　　　　　　年　　月　　日　　时　　分

附录 2

敞车、平车、棚车、长大货物车技术参数表

敞

序号	车型	自重/t	载重/t	容积/m^3	车内长×宽×高/(mm×mm×mm)	最大宽×高/(mm×mm)	车辆长度/mm	轴数	车体材质	构造速度/(km/h)	通过最小曲线半径/m
1	C_{16AK}	20	64	44	10 990×2 890×1 400	3 180×2 503	11 938	4	耐候钢	120	145
2	C_{16K}	21.9	60	50	12 500×2 888×1 400	3 180×2 483	13 442	4	耐候钢	120	145
3	C_{62A*}	21.7	60	71.6	12 500×2 890×2 000	3 196×3 095	13 438	4	普碳钢	85	145
4	C_{62A*K} C_{62AK}	22.1	60	71.6	12 500×2 890×2 000	3 196×3 102	13 438	4	普碳钢	120	145
5	C_{62A*T} C_{62AT}	22	60	71.6	12 500×2 890×2 000	3 196×3 099	13 438	4	普碳钢	100	145
6	C_{62BK}	22.7	60	71.6	12 500×2 890×2 000	3 242×3 102	13 438	4	耐候钢	120	145
7	C_{62BT}	22.6	60	71.6	12 500×2 890×2 000	3 242×3 099	13 438	4	耐候钢	100	145

车

转向架中心距/mm	地板面至轨面高/mm	空车重心高度/mm	车门宽×高/(mm×mm)	车底架			转向架		车钩	缓冲器	备　注
				长×宽/mm	中梁	侧梁	型号	轴距/mm			
7 700	1 093		825×600	11 000×2 900	“乙”310或槽钢	槽钢	转K2	1 750	13号	MT-3	矿石专用车
8 700	1 079			12 500×2 900	“乙”310或槽钢	槽钢	转K2	1 750	13号	2号	矿石专用车
8 700	1 083	1 000	中门1 620×1 900 下门1 250×954	12 500×2 900	槽钢或“乙”310	热轧[240槽钢	转8A	1 750	13号	2号	通用敞车
8 700	1 090	1 000	中门1 620×1 900 下门1 250×954	12 500×2 900	槽钢或“乙”310	热轧[240槽钢	转K2	1 750	13号	2号	通用敞车
8 700	1 087	1 000	中门1 620×1 900 下门1 250×954	12 500×2 900	槽钢或“乙”310	热轧[240槽钢	转8B或转8AB	1 750	13号	2号	通用敞车
8 700	1 090	1 000	中门1 620×1 900 下门1 250×954	12 500×2 900	槽钢或“乙”310	热轧[240槽钢	转K2	1 750	13号	2号	通用敞车
8 700	1 087	1 000	中门1 620×1 900 下门1 250×954	12 500×2 900	槽钢或“乙”310	热轧[240槽钢	转8B或转8AB	1 750	13号	2号	通用敞车

序号	车型	自重/t	载重/t	容积/m^3	车内长×宽×高/(mm×mm×mm)	最大宽×高/(mm×mm)	车辆长度/mm	轴数	车体材质	构造速度/(km/h)	通过最小曲线半径/m
8	C_{64AT}	23.5	60	91.3	13 000×2 890×2 450	3 242×3 541	13 948	4	耐候钢	120	145
9	C_{64K}	22.9	61	73.3	12 490×2 890×2 050	3 242×3 142	13 438	4	全钢	120	145
10	C_{64H}	22.5	61	73.3	12 490×2 890×2 051	3 242×3 143	13 438	4	全钢	120	145
11	C_{64T}	22.8	61	73.3	12 490×2 890×2 050	3 242×3 142	13 438	4	全钢	100	145
12	C_{70} C_{70H}	23.8	70	77	13 000×2 890×2 050	3 180×3 143	13 976	4	高强钢	120	145
13	C_{70E} C_{70EH}	24	70	80.8	13 000×2 890×2 150	3 180×3 243	13 976	4	高强钢	120	145

续上表

转向架中心距/mm	地板面至轨面高/mm	空车重心高度/mm	车门宽×高/(mm×mm)	车底架			转向架		车钩	缓冲器	备 注
				长×宽/mm	中梁	侧梁	型号	轴距/mm			
9 210	1 081	1 126	中门 1 620×1 900 下门 1 250×954	13 010×2 900	“乙”310	热轧[240槽钢	转8AB	1 750	13 号	MT-3	焦炭专用车
8 700	1 082	1 000	中门 1 900×1 620 下门 954×1 250	12 500×2 900	槽钢或“乙”310	热轧[240槽钢	转K2	1 750	13 号	MT-3	通用敞车
8 700	1 082	1 000	中门 1 900×1 620 下门 954×1 250	12 500×2 900	Z310	热轧[240槽钢	转K4	1 750	13 或 13A	MT-3	通用敞车
8 700	1 082	1 000	中门 1 900×1 620 下门 954×1 250	12 500×2 900	槽钢或“乙”310	热轧[240槽钢	转8B或转8AB	1 750	13 号	MT-3	通用敞车
9 210	1 083	1 085	中门 1 620×1 900 下门 1 250×951	13 010×2 900	“乙”310	冷弯槽钢	转K6 转K5	1 830 1 800	17 型	MT-2 或 HM-1	通用敞车
9 210	1 083	1 102	中门 1 620×1 900 下门 1 250×951	13 010×2 900	“乙”310	冷弯槽钢	转K6 转K5	1 830 1 800	17 型	MT-2 或 HM-1	通用敞车

序号	车型	自重/t	载重/t	容积/m^3	车内长×宽×高/(mm×mm×mm)	最大宽×高/(mm×mm)	车辆长度/mm	轴数	车体材质	构造速度/(km/h)	通过最小曲线半径/m
14	C_{70B} C_{70BH}	23.8	70	77	13 000× 2 890× 2 050	3 180× 3 143	13 976	4	不锈钢	120	145
15	C_{80E} C_{80EH} C_{80EF}	26.5	80	92	13 000× 2 900× 2 430	3 190× 3 530	13 976	4	高强钢	100	145
16	C_{70C}	24	70	112	14 590× 2 962× 2 600	3 240× 3 667	15 566	4	高强钢	120	145
17	C_{76}	24.2	75	81.8	10 520× 2 974	3 184× 3 592	12 000	4	高强钢	100	145
18	C_{76A}	24	76	87.2	10 246× 3 000	3 542× 3 194	12 005	4	高强钢	100	145
19	C_{76B}	22.9	76	82	10 400× 2 974	3 184× 3 520	12 000	4	高强钢	100	145
20	C_{76C}	22.7	76	82	10 400× 2 974	3 184× 3 520	12 000	4	高强钢	100	145
21	C_{76H}	25	75	81.75	10 520× 2 974	3 184× 3 592	12 000	4	高强钢	100	145

续上表

转向架中心距/mm	地板面至轨面高/mm	空车重心高度/mm	车门宽×高/(mm×mm)	车底架			转向架		车钩	缓冲器	备　注
				长×宽/mm	中梁	侧梁	型号	轴距/mm			
9 210	1 083	1 085	中门 1 620×1 900 下门 1 250×951	13 010×2 900	“乙”310	冷弯槽钢	转K6 转K5	1 830 1 800	17 型	MT-2 或 HM-1	通用敞车
9 210	1 090	1 087	中门 1 600×1 900 下门 1 098×821	13 010×3 001	“乙”310	冷弯或热轧槽钢	DZ1 DZ2 DZ3	1 860	17 型	MT-2 或 HM-1	通用敞车
10 600	1 057	1 082	1 250×951	14 600×2 970	冷弯帽型钢	冷弯	转K6	1 830	17 型	HM-1	焦炭专用车
8 200	1 062	984	710×905	11 200×3 168	组焊	冷弯槽钢	转K6	1 830	16、17型	MT-2	煤炭专用车
8 250	1 082		748×950	11 200×3 184		冷弯成型组焊箱型梁	25 t 轴重低动力作用	1 800	F 型转动、固定车钩	MT-2	煤炭专用车
8 200	1 053		740×905	11 200×3 164	“乙”310	热轧槽钢	25 t 轴重下交叉	1 830	16、17型	MT-2	煤炭专用车
8 200	1 053		740×905	11 200×3 164	“乙”310	热轧槽钢	转E22	1 830	16、17型	MT-2	煤炭专用车
8 200	1 055		748×950	11 200×3 168	组焊	冷弯或槽钢	转K5	1 800	16、17型	MT-2	煤炭专用车

序号	车型	自重/t	载重/t	容积/m^3	车内长×宽×高/(mm×mm×mm)	最大宽×高/(mm×mm)	车辆长度/mm	轴数	车体材质	构造速度/(km/h)	通过最小曲线半径/m
22	C_{80} C_{80H}	20	80	87	10 728× 2 946	3 184× 3 793	12 000	4	铝合金	100	145
23	C_{80A} C_{80AH}	20	80	84.8	10 550× 2 876× 2 700	3 244× 3 765	12 000	4	高强钢	100	145
24	C_{80B} C_{80BH}	20	80	84.8	10 550× 2 976× 2 700	3 184× 3 767	12 000	4	不锈钢	100	145
25	C_{80C}	20.2	80	84.8	10 000× 2 972× 2 428	3 380× 3 548	12 000	4	高强钢	100	145
26	C_{80CA}	20.2	80	84.8	10 000× 2 972× 2 428	3 380× 3 548	12 000	4	不锈钢	100	145
27	CFK	22	62	72.5	12 500× 2 890× 2 000	3 242× 3 100	13 438	4	耐候钢	120	145

续上表

转向架中心距/mm	地板面至轨面高/mm	空车重心高度/mm	车门宽×高/(mm×mm)	车底架			转向架		车钩	缓冲器	备注
				长×宽/mm	中梁	侧梁	型号	轴距/mm			
8 200	1 063	915	750×936	11 200×3 184	“乙”310	铝型材	转K6/转K5	1 830/1 800	16、17型	MT-2或HM-1	煤炭专用车
8 200	1 059	1 011	780×950	10 518×2 972	组焊	无	转K6/转K5	1 830/1 800	16、17型	MT-2	煤炭专用车
8 200	1 059	1 011	756×950	11 200×2 984	冷弯	无	转K6/转K5	1 830/1 800	16、17型	MT-2或HM-1	煤炭专用车
8 200	342	955	670×830	10 070×3 184	组焊式牵引梁(无中梁)		转K7	1 800	16、17型	MT-2	煤炭专用车
8 200	342	955	670×830	10 070×3 184	组焊式牵引梁(无中梁)	无	转K7	1 800	16、17型	MT-2	煤炭专用车
8 700	1 086		825×600	12 500×2 900	“乙”310	槽钢	转K2	1 750	13号	2号	矿石专用车

平

序号	车型	自重/t	载重/t	面积/m²	车底架长×宽/(mm×mm)	最大宽×高/(mm×mm)
1	N_{17AK}	I56Q:19.7 H512:20.8 I56a:20.2 I56b:20.6	60	38.7	13 000×2 980	3 180×1 937
2	N_{17AT}	I56Q:19.7 H512:20.8 I56a:20.2 I56b:20.6	60	38.7	13 000×2 980	3 180×1 937
3	N_{17GK}	I56Q:19.7 H512:20.8 I56a:20.2 I56b:20.6	60	38.7	13 000×2 980	3 176×1 937
4	N_{17GT}	I56Q:19.7 H512:20.8 I56a:20.2 I56b:20.6	60	38.7	13 000×2 980	3 176×1 937
5	N_{17K}	I56Q:19.7 H512:20.8 I56a:20.2 I56b:20.6	60	38.7	13 000×2 980	3 176×1 927
6	N_{17T}	I56Q:19.5 H512:20.7 I56a:20.2 I56b:20.6	60	38.7	13 000×2 980	3 176×1 927
7	NX_{17AK}	22.5	60	38.7	13 000×2 980	3 176×1 937
8	NX_{17AT}	22.5	60	38.7	13 000×2 980	3 176×1 937
9	NX_{17BK}	22.9	61	45.1	15 400×2 960	3 165×1 416
10	NX_{17BT}	22.9	61	45.1	15 400×2 960	3 165×1 418

车

钩舌内侧距离/mm	轴数	车体材质	构造速度/(km/h)	通过最小曲线半径/m	转向架中心距/mm	地板面至轨面高/mm	空　车重心高度/mm
13 938	4	木地板	120	145	9 000	1 211	723
13 938	4	木地板	120	145	9 000	1 211	723
13 938	4	木地板 铁地板	120	145	9 000	1 211	723
13 938	4	木地板 铁地板	120	145	9 000	1 211	723
13 938	4	木地板	120	145	9 000	1 211	723
13 938	4	木地板	120	145	9 000	1 209	723
13 938	4	木地板	120	145	9 000	1 211	768
13 938	4	木地板	120	145	9 000	1 211	768
16 338	4	木地板	120	145	10 920	1 214	740
16 338	4	木地板	120	145	10 920	1 216	740

序号	车型	自重/t	载重/t	面积/m^2	车底架长×宽/(mm×mm)	最大宽×高/(mm×mm)
11	NX_{17BH}	22.8	61	45.1	15 400×2 960	3 165×1 409
12	NX_{17K}	22.4	60	38.7	13 000×2 980	3 170×1 486
13	NX_{17T}	22.5	60	38.7	13 000×2 980	3 170×1 490
14	NX_{70}	23.8	70	45.6	15 400×2 960	3 157×1 418
15	NX_{70A}	23.8	70	38.7	13 000×2 980	3 180×1 393
16	NX_{70H}	23.8	70	45.6	15 400×2 960	3 157×1 418

续上表

钩舌内侧距离/mm	轴数	车体材质	构造速度/(km/h)	通过最小曲线半径/m	转向架中心距/mm	地板面至轨面高/mm	空车重心高度/mm
16 338	4	木地板	120	145	10 920	1 207	740
13 938	4	木地板	120	145	9 000	1 212	730
13 938	4	木地板	120	145	9 000	1 216	777
16 366	4	木地板	120	145	10 920	1 216	738
13 966	4	木地板	120	145	9 000	1 216	727
16 366	4	木地板	120	145	10 920	1 216	738

平

序号	车型	车底架		转向架		车钩	缓冲器
		中梁	侧梁	型号	轴距/mm		
1	N_{17AK}	Ⅰ56Q H512 Ⅰ56a Ⅰ56b	Ⅰ56Q H512 Ⅰ56a Ⅰ56b	转 K2	1 750	13 号	MX-1 型橡胶缓冲器
2	N_{17AT}	Ⅰ56Q H512 Ⅰ56a Ⅰ56b	Ⅰ56Q H512 Ⅰ56a Ⅰ56b	转 8AB	1 750	13 号	MX-1 型橡胶缓冲器
3	N_{17GK}	Ⅰ56Q H512 Ⅰ56a Ⅰ56b	Ⅰ56Q H512 Ⅰ56a Ⅰ56b	转 K2	1 750	13 号	MX-1 型橡胶缓冲器
4	N_{17GT}	Ⅰ56Q H512 Ⅰ56a Ⅰ56b	Ⅰ56Q H512 Ⅰ56a Ⅰ56b	转 8AB	1 750	13 号	MX-1 型橡胶缓冲器
5	N_{17K}	Ⅰ56Q H512 Ⅰ56a Ⅰ56b	Ⅰ56Q H512 Ⅰ56a Ⅰ56b	转 K2	1 750	13 号	MX-1 型橡胶缓冲器
6	N_{17T}	Ⅰ56Q H512 Ⅰ56a Ⅰ56b	Ⅰ56Q H512 Ⅰ56a Ⅰ56b	转 8AB	1 750	13 号	MX-1 型橡胶缓冲器
7	NX_{17AK}	H512 I56a I56b	H512 I56a I56b	转 K2	1 750	13 号	ST
8	NX_{17AT}	H512 I56a I56b	H512 I56a I56b	转 8AB	1 750	13 号	ST 缓冲器
9	NX_{17BK}	H600	H600	转 K2	1 750	13 号	MT-3

车

地板面长(m)/集中载重(t)										特　　点
1/25	2/30	3/40	4/45	5/50	6/53	7/55	8/57	9/60		有活动的端板，均为木地板，无网纹地板
1/25	2/30	3/40	4/45	5/50	6/53	7/55	8/57	9/60		有活动的端板，均为木地板，无网纹地板
1/25	2/30	3/40	4/45	5/50	6/53	7/55	8/57	9/60		有活动的端板，均为木地板，无网纹地板
1/25	2/30	3/40	4/45	5/50	6/53	7/55	8/57	9/60		有活动的端板，均为木地板，无网纹地板
1/25	2/30	3/40	4/45	5/50	6/53	7/55	8/57	9/60		有活动的端板，均为木地板，无网纹地板
1/25	2/30	3/40	4/45	5/50	6/53	7/55	8/57	9/60		有活动的端板，均为木地板，无网纹地板
1/25	2/30	3/40	4/45	5/50	6/53	7/55	8/57	9/60		有活动的端板，均为木地板，有活动锁头，无网纹地板
1/25	2/30	3/40	4/45	5/50	6/53	7/55	8/57	9/60		有活动的端板，均为木地板，有活动锁头，无网纹地板
1/25	2/30	3/40	4/45	5/50	6/53	7/55	8/57	9/61		有活动的端板，均为木地板，有活动锁头，无网纹地板

序号	车型	车底架		转向架		车钩	缓 冲 器
		中梁	侧梁	型号	轴距/mm		
10	NX_{17BT}	H600	H600	转 8B（转 8AB）	1 750	13 号	MT-3
11	NX_{17BH}	H600	H600	转 K4	1 750	13 号	MT-3
12	NX_{17K}	H512	H512	转 K2	1 750	13 号	ST 缓冲器或 MT-3
13	NX_{17T}	H512 或 I56b	H512 或 I56b	转 8B（转 8AB）	1 750	13 号	ST
14	NX_{70}	H630	H600	转 K6	1 830	17 型	MT-2
15	NX_{70A}	H630	H600	转 K6	1 830	17 型	MT-2 或 HM-1
16	NX_{70H}	H630	H600	转 K5	1 800	17 型	MT-2

续上表

地板面长(m)/集中载重(t)										特　点
1/25	2/30	3/40	4/45	5/50	6/53	7/55	8/57	9/61		有活动的端板,均为木地板,有活动锁头,无网纹地板
1/25	2/30	3/40	4/45	5/50	6/53	7/55	8/57	9/61		有活动的端板,均为木地板,有活动锁头,无网纹地板
1/25	2/30	3/40	4/45	5/50	6/53	7/55	8/57	9/60		有活动的端板,均为木地板,有活动锁头,无网纹地板
1/25	2/30	3/40	4/45	5/50	6/53	7/55	8/57	9/60		有活动的端板,均为木地板,有活动锁头,两侧无网纹地板
1/30	2/35	3/45	4/50	5/55	6/57	7/60	8/63	9/65	10/70	有活动的端板,均为木地板,有活动锁头,无网纹地板
1/40	2/50	3/62	4/66	5/70						有活动的端板,均为木地板,有活动锁头,无网纹地板
1/30	2/35	3/45	4/50	5/55	6/57	7/60	8/63	9/65	10/70	有活动的端板,均为木地板,有活动锁头,无网纹地板

棚

序号	车型	自重/t	载重/t	容积/m^3	车体尺寸/mm		车内尺寸/mm			
					长	宽	长	宽	内侧面高	拱顶高
1	P_{62NK} P_{62NT}	23.4	60	120	16 438	3 312	15 490	2 820	2 679	2 855
2	P_{62K} P_{62T}	24	60	120	16 438	3 312	15 490	2 820	2 679	2 855
3	P_{63}	24.0	60	137			15 722	2 750		2 900
4	P_{63K}	24.4	60	137			15 722	2 750		2 900
5	P_{64}	25.4	58	116	16 438	3 336	15 466	2 796	2 682	2 835
6	P_{64T}	25.5	58	116	16 438	3 336	15 466	2 796	2 682	2 835
7	P_{64K}	25.6	58	116	16 438	3 336	15 466	2 796	2 682	2 835
8	P_{64A}	25.9	58	135	16 438	3 320	15 472	2 800	2 855	3 248
9	P_{64AT}	25.6	58	135	16 438	3 320	15 472	2 800	2 855	3 248
10	P_{64AK}	25.7	58	135	16 438	3 320	15 472	2 800	2 855	3 248
11	P_{64GK}	23.8	60	135	16 430	3 340	15 478	2 804	2 855	3 248
12	P_{64GT}	23.7	60	135	16 430	3 340	15 478	2 804	2 855	3 248
13	P_{65}	25.9	40	135	16 438	3 320	15 462	2 790	2 855	3 248
14	P_{66K} P_{66H}	24	60	135	16 430	3 170	15 476	2 800	2 852	3 310

车

车体材质	转向架中心距/mm	地板面至轨面高/mm	空车重心高度/mm	车门尺寸/mm		地板面长(m)/集中载重(t)		备注
				宽	高			
车顶:外钢内木端、侧墙:全钢铁地板	11 700	1 141	约 1 290	2 964	2 591			
车顶:外钢内木端、侧墙:全钢铁地板	11 700	1 141	约 1 290	2 964	2 591			
外钢内木木地板	12 240	1 150	约 1 200	3 980	2 600			
外钢内木木地板	12 240	1 150	约 1 200	3 980	2 600			
外钢内竹竹地板	11 700	1 130	约 1 310	2 964	2 537			
外钢内竹竹地板	11 700	1 130	约 1 310	2 964	2 537			
外钢内竹竹地板	11 700	1 130	约 1 310	2 964	2 537			
外钢内竹竹地板	11 700	1 130	约 1 320	2 964	2 537			
外钢内竹竹地板	11 700	1 130	约 1 320	2 964	2 537			
外钢内竹竹地板	11 700	1 130	约 1 320	2 964	2 537			
外钢内竹竹地板	11 700	1 136	—	2 964	2 539			
外钢内竹竹地板	11 700	1 136	—	2 964	2 539			
外钢内竹竹地板	11 700	1 130	—	2 964	2 537			行包快运专用车
外钢内 PVC 带捆绑座钢地板	11 700	1 124	—	7 670	2 535			活动侧墙

序号	车型	自重/t	载重/t	容积/m^3	车体尺寸/mm		车内尺寸/mm			
					长	宽	长	宽	内侧面高	拱顶高
15	$P_{70(H)}$	24.8/25.2	70	145	17 066	3 300	16 087	2 793	2 855	3 395
16	P_{70A}	23.8	70	140	16 466	3 170	15 494	2 800	2 852	3 399
17	P_{70B}	33.4	20	154	21 666	3 290	20 594	2 546	2 410	2 947
18	P_{80}	28	66	168	18 566	3 300	17 588	2 860	2 692	3 348
19	PB	28.5	45	141	17 000	3 018	16 770	2 854	2 390	3 280

续上表

车体材质	转向架中心距/mm	地板面至轨面高/mm	空车重心高度/mm	车门尺寸/mm		地板面长(m)/集中载重(t)		备注
				宽	高			
车顶外钢内PVC板端侧墙外钢内竹竹地板	12 100	1 136	1 290	3 012	2 539			
带捆绑座钢地板	11 700	1 126	1 122	7 670	2 535	2 3 4 5 6 7	16 18 21 25 30 31	活动侧墙
外钢内中纤板	16 800	1 137	1 434	3 202	1 967			全开滑动顶棚
外钢内纤维增强塑料高强竹束板地板	13 600	1 134	—	3 000	2 592			
车顶:外钢、内玻璃钢顶板端侧墙:外钢、内玻璃钢夹层板钢地板上加竹地板	12 000	1 133		3 000	2 390			行包快运专用车

长 大 货

序号	车型	自重/t	载重/t	面积/m²	车体长×宽/(mm×mm)	最大宽×高/(mm×mm)	车辆长度/mm	轴数	车体材质	承载面钢号
1	D_2	166.8	160		23 300×2 780	2 780×2 187	35 429	16	全钢	Q345A
2	D_{2A}	136	210		24 150×2 760	2 760×2 533	36 880	16	全钢	Q345Q
3	D_{2G}	148.5	210		23 800×2 780	2 780×2 359	36 330	16	全钢	Q345Q
4	D_{9A}	35.8	90		16 100×3 100	3 100×1 659	21 130	6	全钢	
5	D_{10}	36	90		19 400×3 000	3 140×2 196	20 338	6	全钢	Q345A
6	D_{10A}	36	90		20 020×3 000	3 000×1 450	20 958	6	全钢	
7	D_{12K}	47.8	120		17 020×3 000	3 000×1 852	24 230	8	全钢	Q345A
8	D_{15}	48.9	150		17 480×2 700	2 773×2 031	24 830	8	全钢	Q345Q
9	D_{15A}	49.6	150		18 050×2 846	2 846×1 935	26 330	8	全钢	
10	D_{15B}	50	150		17 450×2 900	2 900×2 150	25 606	8	全钢	
11	D_{17A}	44.5	155		19 500×2 950	2 950×2 000	27 780	8	全钢	
12	D_{18A}	135.4	180		23 540×2 800	2 800×2 259	35 470	16	全钢	Q345A
13	D_{22A}	44	120	75	25 000×3 000	3 180×1 080	25 930	8	全钢	
14	D_{22B}	48	120	75	25 000×3 000	3 180×1 350	25 966	8	木地板	
15	D_{23G}	70.7	265		19 170×3 128	3 128×2 050	30 950	16	全钢	Q345Q
16	D_{25}	86	250		18 900×2 940	2 940×3 860	34 146	16		
17	D_{25A}	142	250		26 670×2 630	2 630×2 563	40 910	16	全钢	Q345Q
18	D_{26}	140	260		26 000×2 680	2 680×2 850	41 396	16	全钢	
19	D_{26A}	73.6	260		17 500×3 170	3 170×2 000	32 138	16	全钢	
20	D_{26AK}	75.6	260		17 500×3 280	3 280×2 000	32 130	16	全钢	

物　车

构造速度/(km/h)	通过最小曲线半径/m	转向架中心距/mm	底架心盘中心距/mm	地板面至轨面高/mm	空车重心高度/mm	车底架	
						中　梁	侧　梁
80	180	5 800	22 200	承载面 950	1 032	钢板焊接	钢板焊接
80	180	6 300	23 050	承载面 930	1 072	钢板焊接	钢板焊接
80	180	6 200	22 700	承载面 950	1 047	钢板焊接	钢板焊接
120	145	15 500	15 500	承载面 730	641	钢板焊接	钢板焊接
80	145	14 800	14 800	承载面 777	652	钢板焊接	钢板焊接
120	145	15 420	15 420	690	610		
100	145	3 100	16 200	承载面 850	700.5	钢板焊接	钢板焊接
90	150	3 250	16 700	承载面 900	748	钢板焊接	钢板焊接
120	145	3 350	17 350	850	680	钢板焊接	钢板焊接
120	145	3 300	16 750	2 150 中部 800	680		
80	145	3 350	18 800	2 000	920	钢板焊接	钢板焊接
80	180	5 700	22 440	承载面 930	970	焊接结构	焊接结构
120	180	17 800	17 800	1 080	552	钢板焊接	钢板焊接
100	180	17 800	17 800	1 350	745	钢板焊接	钢板焊接
80	180	5 700	18 000	1 500	794	鱼腹	鱼腹
90	145	3 000	18 000	1 650	950		钢板焊接
80	180	7 810	25 570	承载面 1 080	1 115	钢板焊接	钢板焊接
空 80 重 70	145	3 000	25 200	1 150			钢板焊接
空 90 重 60	145	3 000	小底架 6 900 大底架 16 500	1 600	720	焊接	焊接
空 100 重 50	145	3 000	小底架 6 900 大底架 16 500	1 620	720	焊接	焊接

序号	车型	自重/t	载重/t	面积/m²	车体长×宽/(mm×mm)	最大宽×高/(mm×mm)	车辆长度/mm	轴数	车体材质	承载面钢号
21	D_{26B}	107	290		26 800×4 100（重） 28 000×2 900（空）	4 100×3 400（重） 2 900×3 400（空）	40 096	16	全钢	
22	D_{28}	120	280		26 300×2 680	2 714×2 730	41 696	16	全钢	
23	D_{30G}	101	370		11 800×3 380	3 380×4 735	42 668	20	全钢	
24	D_{32}	226	320		34 700×2 900	2 920×4 366	58 860	24	全钢	
25	D_{32}	175	350		35 100×2 900	3 000×4 191	59 560	24	全钢	
26	D_{32A}	240	320		37 700×2 760	3 000×4 280	61 910	24	全钢	
27	D_{38}	227	380		26 950×3 000	3 000×5 075	52 718（空）	32	全钢	
28	D_{45}	202	450		41 600×2 110	3 000×4 390	69 580	28	全钢	

续上表

构造速度/(km/h)	通过最小曲线半径/m	转向架中心距/mm	底架心盘中心距/mm	地板面至轨面高/mm	空车重心高度/mm	车底架	
						中　梁	侧　梁
空 90 重 50	145	3 000	23 900	3 400	1 377		钢板焊接
空 100 重 50	145	3 000	25 500	2 730 中部 1 160	1 000		
空 80 重 50	180	11 000	22 380	1 735	700	钢板焊接	钢板焊接
空 100 重 50	180	3 250	大底架 12 050 中底架 6 600 凹底架 33 800	中部 1 150	1 570		
空 80 重 50	180	3 250	大底架 12 050 中底架 6 600 侧承梁 34 500	3 790	1 650		
空 100 重 50	外导向 150 中导向 180 内导向 260	5 800	36 900	承载面 1 225	1 430		
空 90 重 50	空车： 中导向 150 重车： 外导向 150 中导向 180 内导向 250	5 800	大底架 12 900 钳形梁(空) 26 150		1 750	钢板焊接	钢板焊接
空 100 重 50	180	3 250	大底架 14 250 中部中底架 6 600 端部中底架 4 825 侧承梁 40 900	承载面 4 130	1 810	钢板焊接	钢板焊接

序号	车型	自重/t	载重/t	面积/m²	车体长×宽/(mm×mm)	最大宽×高/(mm×mm)	车辆长度/mm	轴数	车体材质	承载面钢号
29	D_{70}	26.6	70		19 462×2 950	3 142×1 975	20 400	4	全钢	Q345Q
30	DA_{21}	122.8	210		25 030×2 700	2 700×2 965	37 996	16	全钢	Q345E
31	DA_{25}	127.4	250		26 160×2 700	2 700×3 050	40 026	16	全钢	Q345E
32	DA_{37}	200	370		38 100×3 000	3 000×4 340	61 416	24	全钢	
33	DK_{17A}	45	155		19 500×2 950	2 950×2 000	27 780(13B钩)27 816(17型钩)	8	全钢	
34	DK_{23}	70(心盘梁采用一字形梁)73(心盘梁采用十字形梁)	230(一字形梁)227(十字形梁)		25 340×2 880(一字梁空车位)27 440×2 880(十字梁短臂空车位)26 320×4 000(十字梁长臂重车位)	2 880×3 060(一字梁或十字梁短臂位)4 000×3 060(十字梁长臂位)	35 290	12	全钢	
35	DK_{29}	110	290		30 700×2 700(空)29 300×4 100(重)	2 700×3 400(空)4 100×3 400(重)	42 796	16	全钢	
36	DK_{36}	200	360		38 040×3 000(空)38 040×4 000(重)	3 000×4 340(空)4 000×4 340(重)	61 010	24	全钢	
37	DK_{36A}	182	360		56 980×3 000(空)56 980×4 030(重)	3 000×4 225(空)4 030×4 225(重)	56 980(13B型车钩)/57 016(17型车钩)	24	全钢	

续上表

构造速度/(km/h)	通过最小曲线半径/m	转向架中心距/mm	底架心盘中心距/mm	地板面至轨面高/mm	空车重心高度/mm	车底架	
						中　梁	侧　梁
90	180	15 500	15 500	1 169	798	鱼腹	鱼腹
120	180	6 500	24 130	承载面 940	1 035	钢板焊接	钢板焊接
120	180	7 400	25 260	承载面 1 050	1 087	钢板焊接	钢板焊接
空 100 重 60	外导向 145 中导向 180 内导向 300	4 750	大底架 13 200 凹底架 37 300	承载面 (圆弧底部) 1 380 (空) 1 100 (重)	1 380	钢板 焊接	钢板焊接
120	145	3 350	18 800	2 000	920	钢板焊接	钢板焊接
空 120 重 80	145	5 800	23 440	承载面 3 060	1 220		钢板焊接
空 100 重 60	145	3 000	26 600	承载面 3 400	1 381		
空 100 重 60	150 (外导向) 180 (中导向) 260 (内导向)	5 800	36 000	承载面 3 720	1 974		
空 100 重 60	外导向 145 中导向 180 内导向 250	4 500	大底架 12 450 侧承梁 34 000	承载面 3 760	1 750	钢板焊接	钢板焊接

序号	车型	自重/t	载重/t	面积/m^2	车体长×宽/(mm×mm)	最大宽×高/(mm×mm)	车辆长度/mm	轴数	车体材质	承载面钢号
38	DL_1	26	74		13 000×2 980	3 146×1 645	13 966	4	全钢	
39	DQ_{35}	185	350		23 590×3 000	3 000×4 662	45 520(短连挂) 56 660(重车)	24	全钢	
40	DQ_{45}	208	450		27 360×3 000	3 000×4 703	53 456(空) 65 186(重)	28	全钢	
41	DNX_{17K}	20.8/22	60	38.7	13 000×2 980	3 176×1 486	13 930	4	木地板	

续上表

构造速度/(km/h)	通过最小曲线半径/m	转向架中心距/mm	底架心盘中心距/mm	地板面至轨面高/mm	空车重心高度/mm	车底架	
						中 梁	侧 梁
空 120	145	9 000	9 000	桥梁承载面 1 500	772	H630 型钢	H630 型钢
空 100 重 60	空车：145 重车：外导向 145 内导向 180	4 500	大底架 12 050 钳形梁（空）22 890		1 780	钢板焊接	钢板焊接
空 100 重 60	空车：145 重车：外导向 145 中导向 180 内导向 250	5 500	大底架 14 500 钳形梁（空）26 640		1 700	钢板焊接	钢板焊接
120	145	9 000	9 000	1 212	740	H512 型钢	H512 型钢

长　大　货

序号	车型	转向架		车钩	缓冲器				
		型　号	轴距/mm						
1	D_2	Z10 型四轴	1 400-1 500-1 400	13 号	2 号	1/160			
2	D_{2A}	Z21 型导框式	1 450-1 500-1 450	13 号	2 号	1.5/172	3/178	4.5/183	6/189
3	D_{2G}	Z10 型四轴	1 400-1 500-1 400	13 号	2 号	1.5/172	3/178	4.5/183	6/189
4	D_{9A}	3D 轴	1 200-1 200	17 型下作用	MT-2	3/76	4.5/80	6/84	7.5/87
5	D_{10}	三轴 H 形构架	1 200-1 200	13 号	2 号	1.5/71	3/72	4.5/74	6/77
6	D_{10A}	3D 焊接构架式	1 320	13A 下号	MT-3	1.5/72	3/76	4.5/80	6/83
7	D_{12K}	转 K2	1 750	13B	MT-3	1.5/95	3/100	4.5/105	6/109
8	D_{15}	2E 轴	1 650	13 号	MT-3	1.5/129	3/131	4.5/134	6/137
9	D_{15A}	K6	1 830	13B	MT-2	1.5/130	3/132	4.5/135	6/138
10	D_{15B}	2E 轴焊接构架式	1 650	13A 号	MT-3	1.5/130	3/132	6/140	7.5/145
11	D_{17A}	2E 轴中交叉低动力作用转向架	1 830	13A 号	MT-2	4.5/155			
12	D_{18A}	Z20 型导框式	1 350-1 500-1 350	13 号	2 号	1.5/165	3/166	4.5/168	6/171
13	D_{22A}	4D 轴焊接构架	1 300-2 100-1 300	13A 下作用	MT-2	2/62	4/64	6/68	8/74
14	D_{22B}	4D 轴构架式	1 300-2 100-1 300	17 型	MT-2	2/55	4/58	6/62	8/66
15	D_{23G}	四轴一体式	1 350-1 500-1 350	13A 号	MT-3				

物　车

地板面长(m)/集中载重(t)									特　点	备注
									地板面距轨面低	
7.5/197	9/210								中部凹底长 9 000 mm	
7.5/197	9/210								中部凹底长 9 000 mm	
9/90									中部凹底长 10 500 mm	
7.5/81	9/87	10/90							中部凹底长 10 000 mm	
7.5/86	8/88	10/90							中部凹底长 10 000 mm	
7.5/113	9/120								中部凹底长 9 000 mm	
7.5/142	9/150								中部凹底长 9 000 mm	
7.5/142	9/150								中部凹底长 9 500 mm	
9/150									中部凹底长 9 000 mm	企业自备车
									落下孔 12 500 mm×2 350 mm	
7.5/175	9/180								中部凹底长 9 000 mm	
10/77	12/81	14/86	16/98	18/120					承载面尺寸 25 000 mm×3 000 mm	
10/71	12/76	14/82	16/88	17.8/100	20/108	22/116	24/120	25/120	承载面尺寸 25 000 mm×3 000 mm	
									平板式、双支承承载	

序号	车型	转向架		车钩	缓冲器				
		型　号	轴距/mm						
16	D_{25}	2D 轴铸钢式	1 750	2 号	2 号				
17	D_{25A}	Z21 型导框式	1 400- 1 500- 1 400	13 号	2 号	3/215	4.5/216	6/224	7/229
18	D_{26}	2E 轴焊接构架式	1 650	13 号	2 号	1/220	2/225	3/230	4/235
19	D_{26A}	转 8G	1 750	13 号	MT-3				
20	D_{26AK}	K2	1 750	13A 型	MT-2				
21	D_{26B}	2E 轴焊接构架式	1 650	13 号	ST 型	3/255	4/270	5/280	6/290
22	D_{28}	2E 轴焊接构架式	1 650	13A 号	MT-3	3/250	4.5/260	6/270	7.5/275
23	D_{30G}	五轴包板式	1 400- 1 400- 1 400- 1 400	13A 号	MT-2				
24	D_{32}	焊接构架式	1 750	13A 号	MT-3	7/300	9/315	10/320	
25	D_{32}	焊接构架式	1 750	13A 号	MT-3				
26	D_{32A}	3E 轴焊接构架	1 400- 1 400	17 型	MT-2	7/300	8/310	9/315	10/320
27	D_{38}	四轴包板式	1 400- 1 400- 1 400	13 号	MT-2 号				
28	D_{45}	2E 轴焊接构架	1 750	13A 下 作用	MT-2	7/445	8/450		
29	D_{70}	2E 轴	1 650	13 号	MT-3	2/32	4/36	6/40	8/44

续上表

地板面长(m)/集中载重(t)								特　点	备注
								平板式、双支承承载	企业自备车
8/236	9/243	9.8/250						中部凹底长 9 800 mm	
5/240	6/245	7/250	8/255	9/260				中部凹底长 9 800 mm	企业自备车
			8/260	16.5/260				双联式	
			8/260	16.5/260				双联式	
								落下孔 10 800 mm×(2 440~3 640) mm	企业自备车
8/280								中部凹底长 10 000 mm	企业自备车
								双联式	
								中部凹底长 10 500 mm	只允许在车辆两端顶座处施焊
								落下孔 14 000 mm×(2 300~3 400) mm	
								中部凹底长 10 500 mm	
								钳夹式	
								落下孔尺寸 16 100 mm×(1 450~2 350)mm(宽可调)	
10/46	12/48	14/50	16/70					平板式	

序号	车型	转向架		车钩	缓冲器				
		型　号	轴距/mm						
30	DA_{21}	4E 轴焊接构架	1 400-1 400-1 400	17 型	MT-2	3/180	4.5/185	6/190	7.5/200
31	DA_{25}	4E 轴焊接构架	1 400-1 400-1 400	17 型	MT-2	3/220	4.5/225	6/230	7.5/240
32	DA_{37}	3E 轴焊接构架	1 400-1 400	17 型	HM-1				
33	DK_{17A}	转 K6	1 830	13B/17	MT-2/HM-1	4.5/155			
34	DK_{23}	3E 轴焊接构架	1 400-1 400	17 型	MT-2	4/210（207 十字梁）	4.5/215（212 十字梁）	5/220（217 十字梁）	5.5/225（223 十字梁）
35	DK_{29}	2E 轴焊接构架	1 650	17 型	MT-2			5/275	6/290
36	DK_{36}	3E 轴焊接构架	1 400-1 400	17 型	MT-2	4/300	5/320	6/340	7/360
37	DK_{36A}	3E 轴焊接构架	1 400-1 400	13B 型/17 型	MT-2				
38	DL_1	K6	1 830	17 型	MT-2				
39	DQ_{35}	3E 轴焊接构架	1 400-1 400	13A 下作用	MT-2				
40	DQ_{45}	3E、4E 轴焊接构架	1 400-1 400（三轴）1 400-1 400-1 400（四轴）	17 型	MT-2				
41	DNX_{17K}	K2	1 750	13A 下作用	MT-3				

注：1. 在车辆技术参数表中，转 K2、转 K4、转 K5、转 K6 型转向架及转 8AG、转 8G 型转向架的旁承均为弹性旁承。

2. 在长大货物车表中，落下孔车地板面长均指两支点中心距。

续上表

地板面长(m)/集中载重(t)									特　点	备注
9/210									承载面尺寸 9 800 mm×2 700 mm	
9/250									承载面尺寸 10 000 mm×2 700 mm	
									承载面底部长度 11 250 mm	
									落下孔 12 500 mm×2 350 mm	
6/230 (227 十字梁)									落下孔尺寸 13 500 mm×(2 200～2 360) mm(一字梁或十字梁短臂位) 13 500 mm×(2 500～3 480) mm(十字梁长臂位)(宽可调)	
									落下孔尺寸 13 200 mm×2 240 mm(空) 13 200 mm×(3 140～3 640) mm(重)	
									落下孔尺寸 13 200 mm×2 420 mm(空) 13 200 mm×(3 000～3 540) mm(重)	
									落下孔尺寸 13 000 mm× (2 460～3 550) mm	
									运梁专用车	
									钳夹式	
									钳夹式	
									运梁专用车组游车	